# 如何给孩子提要求

王普华 商倩倩 著

化学工业出版社

·北京·

图书在版编目（CIP）数据

如何给孩子提要求 / 王普华，商倩倩著 .—北京：化学工业出版社，2022.5
ISBN 978-7-122-40950-8

Ⅰ.①如… Ⅱ.①王…②商… Ⅲ.①儿童教育－家庭教育 Ⅳ.① G782

中国版本图书馆 CIP 数据核字（2022）第 042527 号

责任编辑：王　越　赵玉欣　　　　装帧设计：尹琳琳
责任校对：刘曦阳

出版发行：化学工业出版社（北京市东城区青年湖南街 13 号　邮政编码 100011）
印　　装：中煤（北京）印务有限公司
710mm×1000mm　1/16　印张 14$\frac{1}{4}$　字数 171 千字
2022 年 8 月北京第 1 版第 1 次印刷

购书咨询：010-64518888
售后服务：010-64518899
网　　址：http://www.cip.com.cn
凡购买本书，如有缺损质量问题，本社销售中心负责调换。

定　价：59.80 元　　　　　　　　　　　　版权所有　违者必究

# 前言 Foreword

## 学会提要求
## 养育就没那么难

"回应"和"要求"是亲子互动的两个方面。当孩子有要求时,父母应恰当地回应孩子;反之,当父母有要求时,也要准确地向孩子表达,争取孩子的配合。

没有要求的教育是不完整的教育,但"要求"这两个字又显得过于生硬,与当下流行的民主、自由等教育思潮似乎有点"不搭",所以有时不被理解和接受。但是,在多年的家庭教育咨询工作中,我见到许多案例,其中有些孩子总是随心所欲、不遵守规则,有些孩子总是待在舒适区里、不肯努力……而这些问题的诱因正是家长对孩子没有要求,或没能恰当地提出要求。

实际上,在孩子成长的过程中,父母不可避免地会对孩子提出各种要求。比如,为了孩子的安全,父母会要求他们不能在马路上乱跑;为了孩子的身体健康,会要求他们不吃垃圾食品、讲卫生、养成早睡早起的好习惯;为了让孩子成长为有修养的人,会要求他们不能骂人、打人,不能随便乱动别人的东西；上学之后，父母还会要求他们承担自己的责任，上课认真听讲、回家按时完成作业、阅读更多书籍、学习更多特长……这些要求中既有父母作为社会规则的代言人，引导孩子成长为合格的社会公民，顺利完成"社会化"的部分；也有父母出于对孩子的爱，希望孩子更健康、更优秀的内容。而不管是要求还是期望，都会让孩子感受到压力，这种压力就是孩子努力成长的动力。所以，在孩子成长的过程中，父母对孩子提要求是必须的，不提要求则是不称职的，会削弱孩子成长的力量。

父母都是最爱孩子的，都是打心眼里希望自己的孩子一生幸福。父母是孩子人生的导游，希望把自己多年的生活经验和教训都分享给孩子，希望孩子少碰壁、少走弯路，成长的道路更顺利。但是，当父母出于"为了孩子好"的愿望提出要求时，常常会引来孩子的反感和对抗。多年来，我经历了无数个教育咨询案例，这些家庭的孩子小到三四岁的幼儿，大到二十七八岁的青年，他们的父母无一不因孩子"不听话"而发愁。很多父母不明白，自己苦口婆心所讲的道理，明明显而易见，明明是为了孩子好，孩子为什么就是听不进去，就是不想做，就是不领情。很多父母在单位是成功的领导，管得好几十上百个员工，回到家却管不了自己的孩子；很多父母自己非常优秀，积累了很多人生智慧和经验，但就是传递不到孩子那里去——因为孩子的心对父母是封闭的，他们已经接受不到父母的影响了，这些家庭共同的特点就是，父母对孩子已经没有影响力了！眼睁睁地看着孩子走在错误的成长道路上，自己却无计可施，无能为力；明明是世界上最亲近的关系，可陪伴孩子成长的体验中却满是较劲和对抗，这是最让父母感到纠结和痛苦的事。

我对比观察身边很多家庭，也反思自己教育孩子的过程，发现亲子关系和谐的家庭中，父母能对孩子坦诚地表达自己的观点、要求和期望，这些要求和期望通常会引起孩子和父母之间的深入交流和讨论，因为孩子或赞同或反对，都能向父母坦诚地表达。他们会交换看法，沟通观点，努力理解彼此，最后共同找到一个合理的、双方都能接受的解决方式。不管结果怎样，父母的要求和期望都能引起孩子的重视，对孩子产生一定影响。父母的人生经验就这样顺利地传递到孩子那里，让孩子站在父母的肩膀上，走得更远。其实人类的智慧也正是这样代代相传的，这才是健康的家庭成长模式。

读到这里，相信您一定非常想知道这些父母是怎么做到的——这正是本书要解决的问题。

本书从"意愿"和"能力"两个维度分析孩子对父母要求的回应类型。意愿指孩子愿意接受父母要求并努力配合的程度，能力指孩子是否能够完成父母要求的事——当孩子不配合父母的要求时，可能是因为情感上不喜欢或能力达不到，父母要区别对待，采用不同的引导方法。根据这两个维度，我们将孩子对父母要求的回应划分为配合型、抗拒型、力不从心型和自暴自弃型，通过对各种情况的分析，分别给出应对和解决的方法，希望能够帮助到那些每天与孩子"斗智斗勇"的家长们。用知识武装自己，用科学的方法解决问题，这就是父母的成长。

"要求"不是"控制"。最好的要求，是通过对话和协商，让父母的要求变成孩子的自我要求，让孩子走在自我成长的道路上。

如果您是家长，我相信通过学习本书介绍的原理、知识和方法，您可以更好地分析自己的要求与孩子当前状态的匹配程度，然后进行适当的调整，成功地影响孩子。

如果您是教师，我相信您也可以在阅读本书的基础上开展深入的研究与实践，不断地提高自己教育学生和指导家长的能力。

要求是矛盾的根源，存在于各种关系中，比如夫妻关系、领导和下属关系，等等，因此这本书其实也适合家长和老师以外的读者阅读。我相信每个人都能从中获得启发。

  感谢一直以来通过各种途径不断向我咨询家庭教养问题的父母，是你们的问题促动我对亲子关系进行更深入的思考和研究，让我写下这本书。传播科学的家庭教育知识和方法是我一直以来努力的方向，希望这本书能帮助到更多的家长与孩子。

  由于水平有限，书中难免会有疏漏，敬请读者指正！

王普华

2022年3月

# 目录 Contents

## 第1章 为什么有的父母不愿对孩子提要求

- 那些对"要求"的误解 … 003
  - 误解一：要求就是"控制"，会让孩子不自由 … 003
  - 误解二：要求是"逼迫"，会让孩子压力大 … 004
  - 误解三：被要求束缚的孩子缺乏创新能力 … 006
  - 误解四：要求就不可避免打骂或严厉地责备 … 007
  - 误解五：提要求，不如激发孩子的主动性 … 009
- 你提要求的方式合理吗 … 011
- 回顾与思考 … 017

## 第2章 我要求了，但是孩子不听啊

- 要求的四种类型 … 021
  - 配合型 … 022
  - 抗拒型 … 024
  - 力不从心型 … 026
  - 自暴自弃型 … 029

- 提要求，五步走　　　　　　　　　　032
- 回顾与思考　　　　　　　　　　　　038

## 第3章
## 配合型的亲子关系，是孩子听话的基础

- 从小照料孩子，就是在积累提要求的资本　　043
- 建立配合型的亲子关系　　　　　　　049
  - 满足孩子　　　　　　　　　　　050
  - 相互配合　　　　　　　　　　　052
  - 坚定地要求　　　　　　　　　　054
- 提要求前演好"前戏"　　　　　　　056
  - 选择合适的时机　　　　　　　　058
  - 使用温和而又诚恳的态度　　　　058
  - 使用"我信息"和描述性语言　　　059
- 回顾与思考　　　　　　　　　　　　062

## 第4章
## 孩子明明能做到，但就是不配合

- "我就是不喜欢"　　　　　　　　　067
  - 要求锦囊一：游戏式互动　　　　072
  - 要求锦囊二：后果教育　　　　　073
- 迈不出第一步　　　　　　　　　　　077
  - 要求锦囊一：开心疗法　　　　　078

要求锦囊二：5分钟倒计时改变法 　　　　　079

要求锦囊三：什么都不能做 　　　　　080

要求锦囊四：困难可视化 　　　　　081

要求锦囊五：勇气可视化 　　　　　082

◎ "我有我的世界，非诚勿扰" 　　　　　083

要求锦囊一：体验完成感 　　　　　086

要求锦囊二：先认同，再引导 　　　　　086

要求锦囊三：爸爸的带领 　　　　　089

要求锦囊四：培养广泛的兴趣 　　　　　090

要求锦囊五：饥饿营销 　　　　　091

◎ 回顾与思考 　　　　　093

## 第5章
## 不是不配合，而是孩子真的做不到

◎ "我的心理能量不足" 　　　　　099

要求锦囊一：接纳与等待 　　　　　102

要求锦囊二：轻推 　　　　　103

◎ "我没养成好习惯" 　　　　　105

要求锦囊一：行为演练 　　　　　107

要求锦囊二：正面提醒 　　　　　108

要求锦囊三：早期动力定型 　　　　　110

◎ "我就是管不住自己啊" 　　　　　111

要求锦囊一：把自控当目标 　　　　　112

要求锦囊二：提前提醒　　　　　　　　　　114

　　要求锦囊三：转换思维　　　　　　　　　　115

　　要求锦囊四：隔离　　　　　　　　　　　　115

　　要求锦囊五：授权别人监督　　　　　　　　116

◎ "我的身体和思维暂未发育成熟"　　　　　　118

　　要求锦囊一：目标能力细分　　　　　　　　119

　　要求锦囊二：详细计划　　　　　　　　　　122

　　要求锦囊三：记录成功　　　　　　　　　　122

　　要求锦囊四：复盘调整　　　　　　　　　　123

　　要求锦囊五：不要在感觉最糟糕时放弃　　　124

◎ 回顾与思考　　　　　　　　　　　　　　　　126

## 第6章

## 做不到也不想做，这样的孩子还有救吗？

◎ "我就是传说中的'学渣'"　　　　　　　　133

　　要求锦囊一：找到成就感的突破口，换轨道　136

　　要求锦囊二：积极鼓励　　　　　　　　　　137

　　要求锦囊三：重拾对于努力的信心　　　　　139

◎ "我什么都不想干"　　　　　　　　　　　　143

　　要求锦囊一：运动　　　　　　　　　　　　145

　　要求锦囊二：找到价值感　　　　　　　　　146

　　要求锦囊三：增加孩子的掌控感　　　　　　147

　　要求锦囊四：设定挫折的"暂停键"，培养"修复力"　149

◎ 回顾与思考　　　　　　　　　　　　　　　　151

# 要求的最高境界是不要求，让孩子自动自发地成长

- 自动自发成长小孩养成记 … 157
- 变父母的要求为孩子的自我要求 … 169
  - 要求锦囊一：把要求建立在孩子兴趣和需要的基础之上 … 169
  - 要求锦囊二：把要求解释清楚，与孩子协商后达成一致 … 170
  - 要求锦囊三：让孩子尝到甜头 … 171
- 培养自动自发成长的孩子 … 173
  - 动机培养的核心要点 … 176
  - 能力培养的核心要点 … 186
  - 坚持性培养的核心要点 … 193
- 不断思考：我们的要求是否合理 … 199
  - 父母的期望是否过高 … 199
  - 父母的要求是否太急 … 204
  - 父母的要求方式是否妥当 … 206
- 回顾与思考 … 210

 … 214

# 为什么有的父母不愿对孩子提要求

孩子的成长离不开父母的各种要求。然而对孩子提要求是一件非常需要智慧的事，要求不当，就会陷入僵局。只有当父母尊重孩子，孩子也信任父母，亲子关系形成合力时，父母的要求孩子才听得进，并愿意去做。

> 我对孩子没有要求,只想让他自由地长大,活出他自己。
>
> ——一位男孩的爸爸

# 那些对"要求"的误解

在写作本书之前,我先召集一批家长开了个讨论会,他们孩子的年龄涵盖了从幼儿园到初、高中的各个阶段。讨论的过程中,我发现对于"要求",大家普遍存在一些误解。

## 误解一:要求就是"控制",会让孩子不自由

有一位家长说,她感觉父母跟孩子提要求,就是父母在把自己内心的一些期待强加到孩子身上。父母内心有一个理想小孩,想把自己的孩子塑造成理想小孩的模样,所以,她不愿要求孩子,想让孩子自由发展,活出他自己。

强调"自由"与"尊重"是没有问题的,父母也需要这样的观念来指导养育实践。但是,在养育过程中,具体应该怎么来做呢?

许多父母说"我对孩子没有要求"——这是不现实的。孩子不愿上学,我们不可能放任不管;孩子冒犯他人,我们势必会制止并要求他道歉;孩子错拿别人的东西,我们也一定会讲明道理,让他物归原主……要求可能有高有低,但不可能一点都没有。

给孩子自由,并不是他想干什么都允许。人在社会上生存,当然要遵守

社会规则，服从法律和道德的约束，在孩子成长的过程中，父母就是要进行行为引导，帮助孩子适应社会；否则就是溺爱和纵容。所以，父母不可能不对孩子提要求。

## 误解二：要求是"逼迫"，会让孩子压力大

也有一些父母，在自己成长的过程中被不合理的要求或强迫性的养育方式影响，从而对"要求"这个词的感受不太好。似乎"要求"就意味着"压力""被逼迫""不得不做"，意味着不自由、牺牲自己，意味着要额外多做许多工作。这样的父母在养育孩子时，往往不想让孩子经历自己曾经感受到的压力，于是不愿对孩子提要求。他们常把这些话挂在嘴边："孩子嘛，就要快快乐乐的，能满足就尽量满足，让他们活得自由自在、高兴洒脱比什么都重要，对他们提这么多要求干吗？让他们拥有一个幸福的童年吧！"这在某种程度上是在满足那个曾经缺失快乐的自己。

> 我的来访者璐璐从小就是"别人家的孩子"，上学时一直名列前茅，毕业后在500强公司工作。她是家乡的名人，是公认的教育成功案例。然而她自己却一直为心理问题所困扰——她严重不自信，对自己评价很低，认为自己有各种缺点，哪儿都不行，抗压能力差，有严重的拖延症，每当接到任务就一边焦虑一边逃避，拖到最后一刻才拼命做完，然后一直因拖延自责，进而越发不自信，越发焦虑，陷入恶性循环。她还要求自己方方面面都要做到最好，不能容忍自己有缺点或者犯错误。当收到别人的负面评价时，璐璐很容易崩溃，她害怕把自己的缺点展露给别人，畏

惧结识新朋友，经常情绪低落，对生活缺少热情。

璐璐把这些问题归咎于小时候父母（尤其是她的妈妈）对她的严格要求和苛刻评价（特别是批评与指责）。让她印象非常深的一件事是，初中的一次英语考试，她考了92分，还算不错，但妈妈得知成绩后把她狠狠骂了一顿，骂得她直掉眼泪。她的父母平常工作比较忙，对她没有多少温柔的关爱和鼓励，通常只有在她成绩好的时候才会表扬，在她犯错误时总是严厉地批评。

因此，从小她就暗下决心，以后有孩子了一定要对他温柔、宽容，让他在爱中成长为心理健全的孩子。

果真，成为妈妈的她很少对孩子提要求，甚至十分宠溺。孩子上幼儿园后，自理能力非常弱，也不懂得遵守规则，经常乱跑，还随便动手打人，令老师十分头疼。于是璐璐又开始怀疑，难道自己做错了吗？

璐璐认为，是父母的高标准、严要求造成她对自己要求特别高，让她要求自己必须方方面面做到完美，不能有缺点（她觉得有缺点别人就会不喜欢自己），不能犯错误（犯错误会被骂，会被讨厌），结果导致自己严重不自信、拖延症、过分在意别人的评价、害怕不被喜欢。所以，她决不允许儿子重走自己的老路，开始采用"不要求"的教育方法，但现在看来，这种方法也是有问题的。

其实，她的心理问题还真不是"要求"的错。

要求是一个中性的词语，不带有情感色彩。《现代汉语词典》中，对于要求的解释为：① 提出具体愿望或条件，希望得到满足或实现；② 所提出的具体愿望或条件。也就是说，具体的愿望或条件被表达出来，就成了要求——这本身没什么问题，每个人都可以表达自己的愿望。有问题的是在提出要求的过程中采用了什么样的方式。比如璐璐的父母采用责骂、批评的方式让她去达到要求，这就带来了压力，让她觉得做不到完美、达不到要求是不可容忍的，犯错也是不可饶恕的，因此对父母的要求产生不好的体验。简而言之，要求没有错，错的是提出要求的方式。

## 误解三：被要求束缚的孩子缺乏创新能力

有位家长认为，父母的要求只能培养出听话、循规蹈矩的技术性人才，而创新能力是要求不出来的，甚至还会因为父母眼光的局限性而被限制发展。那些父母要求少、自由发展的孩子创新能力更强。

另外一位家长也说，自己刚上幼儿园的孩子总有一些独特的想法，但因不能遵守集体规则而被老师说"有问题"，家长的言语中透着一丝骄傲和不屑，感觉自己的孩子挺有个性，好像是老师不能"慧眼识珠"，不懂尊重孩子。

许多家长错把任性当个性，似乎敢于质疑规则、打破规则就是具有创新精神。

规则是什么？规则是大家为了保障集体活动顺利进行而制定的行为标准，它在某种意义上维护着大部分人的利益，需要大家共同遵守和维护。孩子上幼儿园的阶段正是他学习适应集体生活、培养规则意识的重要时机，父母有责任教会幼儿遵守规则、维护规则，顺利融入集体。破坏规则不是"创新"，也不是"个性"。真正的创新体现在解决问题的过程中。如果孩子有特殊的需要，如何在尽量不破坏集体规则的情况下想办法满足——这才是体现创新的时候。

创新也不是脑袋一热、凭空想象就能形成的——那只是空想。创新也需要建立在大量学习、积累和实践的基础之上，需要过硬的基本功做铺垫。

达·芬奇（da Vinci）是欧洲文艺复兴时期的天才科学家、发明家、画家，是人类历史上绝无仅有的全才，他最大的成就在于绘画，创作了《蒙娜丽莎》《最后的晚餐》《岩间圣母》等伟大作品——即使是这样的创作天才，也是从练习画鸡蛋开始。画了三个月鸡蛋后，达·芬奇终于忍不住了，跑去问老师："为什么总是让我画鸡蛋？"老师告诉他："画鸡蛋虽然简单，但天下没有两个一模一样的鸡蛋，即便是同一个鸡蛋，观察角度不同，光线不同，看到的鸡蛋也不一样，要画好鸡蛋，就要认真地观察它，学会从不同的角度来画它，这是熟悉绘画手法和笔法的基本功。"于是，达·芬奇继续画鸡蛋，终成闻名世界的艺术家。虽然画鸡蛋并不能保证画者成为瞩目的画家，但如果达·芬奇没有经历这样的基本功训练过程，他也很难将自己的想法用画笔表达出来。

创新的反面不是平庸，而是恐惧。恐惧之下，孩子的思维会僵化。如果父母不是以打骂等让孩子感到恐惧的方式让孩子被动服从、亦步亦趋，要求就不会成为创新能力的束缚，反而是对创新的鼓励和支持。因为在父母的要求下，孩子才能进一步思考，才能产生更多有创造性的想法；在父母的要求下，孩子的基本功也会更扎实，从而为创新奠定坚实的基础。

## 误解四：要求就不可避免打骂或严厉地责备

有位家长是"要求"的坚决拥护者："必须得要求孩子！就像是小树，不好好修理枝丫很难成材。尤其上了小学之后，除非家长对成绩不重视，否则不可能不要求。严厉一些，必要的时候甚至可以打骂，让他长点教训，学会努力。"

我赞同她前半段的观点，孩子需要要求，在孩子能力允许的范围内，适当地提高要求还可以推动孩子更快成长，但是对打骂的方式，我并不赞同。

许多父母一旦认为自己有权利要求孩子，就仿佛拿到了尚方宝剑，开始"为所欲为"，不把孩子修理一番不肯罢休。其实，要求孩子首先要以尊重孩子为基础，我们要时刻对这些问题保持觉察：我的要求是否真的有助于孩子的成长，还是只是我内心的一厢情愿？它符合孩子现阶段发展的特点吗？孩子能达到吗？用什么方式表达才更容易让孩子接受？如果孩子达不到要求，我该怎么办？

许多父母提要求的方式是简单粗暴地打骂孩子，或严厉责备一番，孩子害怕得只能被动服从，父母就觉得万事大吉了。实际上，这样的要求方式效率极低，而且会有严重的副作用，孩子可能暂时服从，一旦抓住机会，他们就会反抗，甚至走向父母的对立面。

讨论的过程中，还有父母提出其他有趣的现象。例如爷爷奶奶的抱怨——"我们在家时，一整天都好好的，你一回来就弄得鸡飞狗跳。"这反映出一些问题。许多祖辈往往因为怕孩子痛苦、苦恼，而不愿要求孩子，对孩子百依百顺，自然没什么矛盾冲突。因为没有要求，孩子可能会形成一些不良的行为习惯，父母看不惯，觉得必须得跟孩子提要求，但方法太生硬，导致出现了矛盾冲突。

许多父母也发现，如果什么都顺着孩子来，亲子关系非常和谐，一提要求，这种和谐马上被打破。集中体现是孩子上幼儿园时，亲子关系很好，因为对孩子没什么要求。一旦上了小学，有了写作业和学习要求后，亲子关系就面临着极大的挑战。

有的家长经常会在"不要求"和"严厉要求"之间来回摇摆。一开始过于关注孩子的感受，不愿意严格要求孩子，后面发现孩子被惯出许多小毛病，又开始严格要求。严格一段时候之后，又心疼孩子，于是重新开始惯孩子，缺乏始终如一的要求标准。

用什么方式去要求孩子，是需要父母动一番脑筋的，也是这本书所要探讨的内容。

## 误解五：提要求，不如激发孩子的主动性

有一位家长提出，要求孩子就像是父母推着、拉着孩子走，效率太低，如果能有办法激发孩子的主动性就好了，这样孩子就会主动去做，效率也高。她还举了一个身边的例子：这位家长的丈夫毕业于重点大学，还拿到硕士学位，她问丈夫，"咱妈是怎么教育你学习的？"丈夫说，"没怎么教育，就一句话，'不好好学习也可以，回来跟我们一起种地！'"这种教育方式是特定环境的产物，现在的孩子不愁吃不愁喝，没吃过"面朝黄土背朝天"的苦，"通过上学改变命运"的动力也不再现实。

而且，孩子有了努力的动力就一定能成长得很好吗？不见得。动机只是做好一件事情的一个要素，其他诸如能力、持续行动等也是非常关键的因素。这位家长的丈夫之所以能在学业上取得成功，除了妈妈的鼓励，学习能力、自我管理能力等方面肯定也不错。如果父母认为孩子有了动力就万事大吉，不需要父母的监督和提醒，那就犯了盲目乐观的错误，很容易事与愿违。尤其孩子小的时候，他可能想做好一件事，但是又管不住自己，最后也只能不了了之。

另外，要求孩子和激发孩子的主动性其实并不相悖。许多时候，父母的

要求是在充分尊重孩子自主性、调动孩子主动性的基础上，顺势而为，稍微助推，让孩子笑着、高兴地去做，自觉把父母的要求变成对自我的要求。父母和孩子相辅相成，形成合力，是我们的终极目标。比如，孩子小的时候自我约束能力差，父母需要付出精力和时间，去帮助他建立好习惯；在孩子遇到困难时，父母要帮他调节情绪、分析问题，学着克服困难；在孩子动力不足时，父母需要推他一把；在孩子管不住自己时，父母要提醒他自控和坚持；在孩子信心不足时，父母需要引导他、鼓励他……

在要求孩子的过程中，如果感觉只是父母在着急和努力，那就说明父母需要调整提要求的方式，或者放弃这个要求了。

## 你提要求的方式合理吗

在对孩子提要求这点上,重点不是要不要做,而是怎样做的问题。

许多父母不懂如何要求孩子,提了要求,孩子不配合,即便勉强做了,也是推一推就动一动,不推就不动,不情不愿不主动。

我在陪伴儿子长大的过程中,这样的烦恼似乎还真不多。儿子大部分时候都是很配合我的。

在他小时候,我经常会用游戏的方式与他互动。比如早上,上班眼看就快迟到了,我回头一看儿子,他还在那慢慢悠悠地穿鞋、整理物品,一副气定神闲的样子。经验告诉我,越催孩子反而会越慢,我也会更加着急上火。为了加快他出门的速度,我灵机一动,装作机器人一样喊道:"不好,炸弹将在30秒之内爆炸,请火速离开!现在开始倒计时,三十、二十九、二十八……"儿子瞬间理解了我的游戏意图。不用唠叨、不用催促,儿子在三十秒内准时收拾好,跳出了家门。我应景儿地来一句爆炸声:"砰!"惊险刺激的情境让孩子自动加快速度,也避免了一场亲子大战。

然而,遭到孩子拒绝的要求画面则截然不同——孩子正玩得高兴,父母突然过来吼一嗓子："还玩，抓紧去学习！"饭桌上，孩子还没来得及填饱肚子，父母就开始唐僧式地念经："你得好好学习，不然将来找不到工作，就没有饭吃！"孩子玩得正起劲，父母突然大喊一声："不准玩了！快点写作业去！"孩子懒懒地躺在床上，正准备睡觉，父母突然大喊："快点去刷牙，否则不准上床睡觉！"

在这些情况下，换谁都会不舒服，父母在孩子那儿碰壁是肯定的呀！提要求也是要讲究方式方法的。

我大概总结了一下父母们常用的会碰壁的要求方式：

**大吼大叫命令式**："快点！""抓紧！""必须做，不做不行！"

**念经唠叨式**：每天都要开启祥林嫂似的叨叨——"好好学习，将来才能有个好前途。""记得关门，怎么说了一百遍也记不住啊！"

**威逼利诱式**："好好学习，考A就带你去吃大餐！""不乖乖听话，等着挨揍吧！""我数三个数，再不过来我就要走啦！"

**乱扣帽子式**："懒！""不听话！""任性！""没礼貌！""没长脑子！"

**曲折抱怨式**：不直接提要求，而是用抱怨的方式表达（这在夫妻关系中也十分常见）——"你看你，把家里弄得像猪窝一样！""一点都不听话，你是想把我气死吗？""你整天都让我催，是要把我累死吗？""我怎么生了你这么个熊孩子！""为了你，我们拼命赚钱买学区房，你还不好好学习。"

**打骂逼迫式**："快点！""立刻按照我的要求去做，不然就挨揍！""不好好学习就去门外罚站！"

……

这些提要求的方式有共同的特点：直来直去，不讲究方式，往往又太着急，想让孩子马上就按要求去做。

我理解为人父母的辛苦，既要养家糊口，还要照顾孩子，忙得没有自我，筋疲力尽时就希望孩子听话一点、配合一点，以减轻一下自己的负担。这时如果孩子不顺从，父母就会非常着急、生气，情急之下更会变本加厉，一直给孩子施压，直到孩子按自己的要求去做，但是父母和孩子都非常不开心。

有位妈妈咨询我，说她女儿特别拗，什么事都不主动去做，没办法，每次她都得用很严厉的态度数"一二三"，女儿才不情不愿地去做事，这位妈妈因此很苦恼。

其实，数"一二三"就是父母在利用家长的权威压迫孩子做事，久而久之，孩子就失去了主动做事的动力。而且这种状态很危险，会让亲子关系越来越恶劣，孩子越来越不听话，父母越来越累。

我有一个朋友，她就是那种话特别多的家长。有一次她带着女儿出来和我们聚会，我发现她一直在不停地数落自己的女儿。她女儿一副满不在乎的表情，压根不屑于听妈妈说话，偶尔顶撞一两句，剩下的时间一直是她在不停地唠叨。我在一旁都受不了了，回来立即有感而发写了一篇文章：《不停地唠叨的父母一定教育不好孩子》。

父母简单粗暴又不留余地的要求方式，会让孩子感觉窒息，本能地就会去抗拒。孩子要么会直接拒绝父母的要求，要么阳奉阴违、"被动攻击"，久而久之，亲子关系也会恶化，形成"对抗型的亲子关系"，父母感觉非常累，因为不管说什么，孩子压根不听，把父母的话当耳旁风，忽略父母的存在，甚至还会故意对着干。这时，父母就彻底失去了对孩子的影响力。

要想走出这样的恶性循环，需要父母有"破圈"的能力。学会新的、更加有效的提要求方式，让孩子愿意接受父母的要求，并愉快地按照父母的要求去做，甚至可以慢慢将父母的要求变为自我的要求，主动去做父母想让他做的事，父母就会感觉越来越轻松，也会享受到陪伴孩子长大的快乐。

我们来看几个对孩子提要求的例子。

有一次，我去朋友家做客，朋友家的孩子宁宁四岁，是个调皮的小家伙。妈妈在做饭，他蹦蹦跳跳地跑去玩烤箱的门。妈妈跟他说"不要玩那个，那不是玩具"，可是他压根不听。他妈妈顿了顿，继续说："咦？可能我说的是外星语，宁宁好像听不懂。那我再说一遍吧——请开合100遍烤箱门不要停下（故意像外星人一样拿腔拿调）。"宁宁咯咯笑，手上动作明显慢了。他妈妈说："不行不行，不能停，继续玩够100遍，看起来你很喜欢这个游戏，让我们今天就把烤箱门玩坏，这样就不用做烤鸡翅了。不要停哦！不能停哦！"然后他跑了。

下面这个例子是一位学员分享的。

有天晚上，3岁的哲哲拿着一瓶水在床上，我们没注意，他躺在被子上往嘴里倒水，结果水洒了一被子。我问他："你怎么洒到被子上了？"他哈哈大笑，又蹦又跳，很兴奋。我先大声制止他，让他不要再跳了，然后开始问他："你这样做好吗？你把水洒在妈妈的被子上了，妈妈晚上睡觉会冷的，妈妈多伤心啊！你觉得这样做对吗？"开始他不回答，显得心不在焉，左看右看的。我说："你知道自己刚刚做的事让妈妈很伤心吗？你快看看妈妈多伤心啊！"我表现得很难过，这才把他的注意力吸引过来。我们保持沉默，等着他先说话。

僵持了一会儿，他哭了，说知道错了，我们问他错在哪，他用手指指头，说头错了。这时候我抱过他来说："躺着喝水才把水洒到被子上的，被子湿了，妈妈晚上睡觉会很冷的，你知道吗？以后不能躺着喝水了！好吗？"他说："知道了，以后不会躺着喝水了。"也没再表现得不服气。

下面这个例子也是学员分享的。

孩子舞蹈班里有个小姑娘叫希希，舞蹈跳得特别好，动作非常标准，基本功练得也很到位，我去找希希妈妈取经，问她是如何给孩子当陪练的。希希妈妈说了四个字让我印象很深刻：恩威并重。她对希希要求很高，动作如果做得不到位，就会要求希希一直改进，一直到她感觉满意为止。在这个过程中，希希有时会厌烦，也会因为疼而想放弃，妈妈就会鼓励她："我觉得这不是你能做到的最好水平，你可以做到更好。是会有点疼，但挺过去就好了，慢慢就不疼了。舞蹈就是这样，动作做到位了，越练越轻松。"希希妈妈也会把孩子的舞蹈录成视频，让孩子看自己从笨拙一步步地进入熟练，孩子看到自己的坚持确实换来进步，也就增强了信心，愿意努力做到更好。

这些小例子中蕴含了一些有效的要求方法，比如游戏式互动、后果教育、动机培养……这些方法能激发孩子内心的"合作天性"，也能将父母的要求变成孩子的自我要求，这正是本书将要分享给大家的。养娃不易，想要孩子听话更不易，父母需要多一些方法，多一份智慧，才能更加从容地应对养育孩子带来的挑战。

养育孩子本应该是个享受的过程，父母和孩子彼此滋养。父母尊重孩子，处处为孩子着想，孩子也信任父母，愿意听父母的话，表现得非常顺和，在亲子关系中形成合力，共同追求卓越。如果总是感觉异常心累，父母说的话孩子压根不听，甚至被孩子气得要犯心脏病，鸡飞狗跳、身心俱疲，那就说明养育的方法错了。

请与我一同踏上这次探索之旅吧！探索如何更好地利用父母的影响力去陪伴孩子、感染孩子、要求孩子，不仅培养孩子成为合格的社会公民，更培养他们成为优秀卓越的自己！

## 回顾与思考

※ **对于"要求",人们普遍存在一些误解。**

误解一:要求是"控制",会让孩子不自由;误解二:要求是"逼迫",会让孩子压力大;误解三:被要求束缚的孩子缺乏创新能力;误解四:要求就不可避免打骂或严厉地责备;误解五:提要求,不如激发孩子的主动性。

※ **父母要对孩子提要求,否则就是失职。**

父母需要引导孩子遵守社会规则,学会与人正常地合作与交往,承担自己的责任;需要培养孩子养成良好生活习惯,保障孩子身心健康成长;需要培养孩子努力追求积极的心态,充分挖掘自己的潜能,为自己负责——但父母不是圣人,也需要孩子的配合才能让生活顺利进行。

※ **常见的不合理的提要求方式包括:大吼大叫命令式、念经唠叨式、威逼利诱式、乱扣帽子式、曲折抱怨式、打骂逼迫式等。**

这些要求方式有共同的特点:直来直去,不讲究方式,往往又太着急,想让孩子马上就按要求去做。

父母需要学习新的、更加有效的提要求方式,让孩子愿意接受父母的要求,并愉快地按照父母的要求去做。

### 感悟思考

1.你对要求持怎样的态度呢?你愿意对孩子提要求吗?如果不愿意,为什么呢?

2.读完第一章,你是否愿意要求孩子了呢?

# 第2章
# 我要求了，但是孩子不听啊

孩子能够接受父母的要求并按要求去做，有两个关键点：意愿和能力。由此会形成对待要求的不同反应类型，通过判断某个要求所处的类型，我们就可以掌控形势，让孩子回到积极配合的状态，实现一轮积极的要求与回应。

> 我明明正准备去做那件事,可妈妈大吼一声,要求我去做,我就不想做了。
>
> ——一位6岁的女孩

# 要求的四种类型

父母发出一个要求,孩子接受要求并按照要求去做,有两个关键点:第一,孩子愿意去做;第二,孩子有能力做到。我们借用数学中坐标轴的方法来呈现这两个方面。如图1所示:

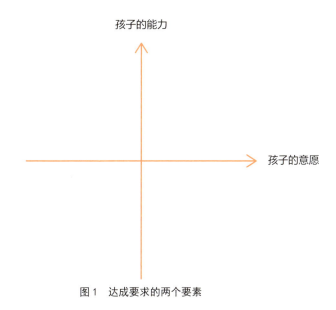

图1 达成要求的两个要素

横轴是孩子的意愿,即对于父母的要求,孩子愿意配合的程度。竖轴右边表示孩子乐意配合,越往右意愿度越高;竖轴左边表示孩子不乐意配合,越往左意愿度越低,甚至逆反,跟父母对着干。

竖轴是孩子的能力,即对于父母的要求,孩子是否有能力达到。横轴之上表示父母要求的事,孩子的能力可以胜任;横轴之下表示对于父母的要求,孩子能力不足,难以完成。

意愿的横轴和能力的竖轴交叉,划分出四个象限,代表四种不同的要求类型(图2)。

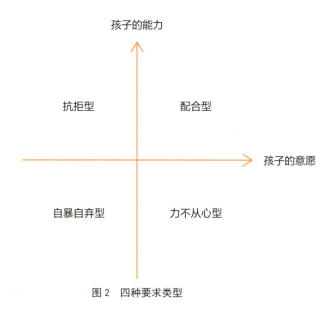

图2 四种要求类型

## 配合型

对于父母的要求,孩子有能力做好,也有配合的意愿,会按照父母的要求去做,这是非常理想的状态,也是父母们最喜欢看到的,这种要求类型称为配合型。

周六的早晨,妈妈就和刚上一年级的洛洛开始商定周末计划。
妈妈先让洛洛说说想要做的事,洛洛说要做作业,还想去爬山。

妈妈建议，先把作业做完再去做别的事，这样玩得更轻松。洛洛觉得这样安排很合理，于是，他们决定上午做作业，下午复习一周的功课，周日去爬山。然后，他们就照此执行，度过了一个愉快又充满意义的周末。

这样的画面非常和谐，父母和孩子都感觉很愉快。但在这里也提个醒，父母要对孩子乐意配合背后的原因有大概的了解。

我有一个来访者，跟我聊起她女儿的故事。她说有了老二（儿子）后，感觉自己精力不够，照顾不过来，就把老大（女儿）送到了姥姥家，然后一星期去看她一次。每次去看她，她都表现得特别乖巧，让做什么就做什么，这让妈妈非常高兴。有一次，女儿非常兴奋地拿着自己的画给妈妈看，然后怯生生地问："我乖不乖？我能跟着你回你的家吗？"这句"你的家"一下子戳痛了妈妈的心。原来，在孩子的心里，那个家已经不属于她了。而她表现得这么乖巧，完全是为了取悦父母，向父母展示自己"听话"，不讨人厌，从而能够回到"那个家"里。

我们要培养的不是盲目听话、不假思索地按照父母要求去做的孩子。孩子愿意配合应当是因为他内心也想做，而不是出于焦虑、恐惧或者讨好父母等其他原因。我们所追求的是孩子和父母携手造就自然和谐的状态——父母的要求内容和要求方法都充分地尊重孩子，孩子也表现得非常顺和：他信任父母，愿意接受父母的教导，乐意听从父母的要求，是因为他理解父母要求的意义，自己愿意做，能够把父母的要求变成自我的要求。当然，如果有疑问他也会提出来，而不是一味地服从，这才有利于孩子自主性的发展。

如果孩子能够轻松做好，达到父母的要求，父母可以在孩子能接受的范围内不断提高要求。当然，也要非常小心地保护孩子的兴趣，不要要求过高、过快，超出了孩子的能力，就会消磨孩子的积极性。

## 抗拒型

对于父母的要求，孩子有能力做好，但就是不想做，我们将这种类型称为"抗拒型"。影响意愿度的因素有很多，大概可以分为三种情况。

**第一种：对活动本身不感兴趣，甚至有讨厌的感觉**

比如，有的孩子不刷牙是因为不喜欢牙膏在嘴里的感觉，不喜欢洗头是讨厌洗发水流到眼睛里，不喜欢跑步是讨厌身上黏糊糊的感觉。父母要注意观察，了解孩子讨厌某件事情的具体原因是什么，而不是一味地逼迫孩子。

有时你会发现，孩子讨厌一件事情的原因往往很简单。比如，邻居家的小姑娘本来挺喜欢画画的，妈妈给她在网上买了美术启蒙课，可是上了没几次后她怎么都不愿上了，说讨厌画画。妈妈觉得很奇怪，仔细询问了一下，原来是上次画画时颜料弄到手上，怎么也洗不掉，她就因此开始讨厌画画了。

**第二种：启动困难**

万事开头难，这是普遍存在的一种情况。有位幼儿教师聊天时对我说："小孩子很有趣，早上父母送他们上学时哭哭啼啼，有的还抱着妈妈的腿哭得撕心裂肺，可是一旦大人狠下心把他们放下独自离开后，他们很快就能调整好情绪投入到一天的幼儿园生活当中，好像刚才什么都没发生一样。"其实，不只是孩子，相信大人们也有这样的体验：早上起床前，闹钟响了一次又一次，我们经常摁掉继续睡；明明某项工作特别重要，需要尽快开始，只要开始了，也会越做越顺手，越做越开心，可就是拖拖拉拉很难迈出第一步。

第三种：孩子沉浸在自己的世界里，父母却粗暴地提出要求

孩子可能正在投入地研究某个玩具、看着精彩的绘本或者思考某件事情，这时，如果父母突然插进来一个要求——"你过来一下""你去洗个手""你赶快穿好鞋子，我们出去一下"……孩子就会很反感，从而不愿意配合。

有时，孩子不是不配合父母的要求，而是不喜欢父母的态度。父母情绪化的、严厉的、直截了当的、不容置疑的态度会激起孩子内心不自觉的反抗。我们应该也有这种体会，如果一个人用非常强硬的、命令的态度要求我们做一件事，我们如果照做了，就仿佛是输了，所以，不论对方说得对不对，我们都会本能地抗争。在亲子沟通中，要重视非语言方式的交流，**怎么说比说什么更重要**。我们所用的语气、眼神、表情、肢体动作，它们传递的信息往往比语言更有影响力。

父母要针对不同原因的意愿不足，灵活调整自己提要求的方法。

如果是对活动不感兴趣，可以采用游戏式互动吸引孩子的注意力，也可以采用后果教育倒逼他去行动。

如果是因为迈不出第一步，则可以采用开心疗法，让孩子先开心起来，才有行动的动力；也可以用5分钟倒计时改变法，把行动变简单；还可以用什么都不能做的"以毒攻毒"法。对于那些因为有畏难情绪而无法开始的情况，可以采用困难可视化、勇气可视化等方法，将困难、勇气等看不见摸不

着的东西具象化。

如果孩子正在做其他事，专注点不在父母的要求上面，父母要尽量避免在孩子专注的时候打断他们。如果确实有事情需要马上打断孩子，要注意提前预警，给孩子缓冲的时间，让孩子体验完成感，并采用先认同再引导的方式，自然地将孩子引导到你想要让他做的事情上面。必要的时候可以向孩子道歉，说明必须打断他的原因，并对孩子的理解和配合表示感谢。另外，通过为孩子提供多种选择、饥饿营销等策略，也可以顺利地将孩子的注意力从他的小世界拉到更广阔的世界中。（具体方法见后面章节。）

## 力不从心型

对于父母的要求，孩子想要做好，可能力达不到，我将这种类型称为"力不从心型"。

很多时候，父母以为的意愿问题其实是能力问题。

> 我亲戚家的一个孩子8岁，扁桃体肥大，大夫采用灼烙技术进行治疗，并开了一些瓶装的中成药，每次需要喝四瓶。药水味道微苦带点甜味，孩子喝不下去。妈妈教他："你憋住气，刺溜刺溜吸进去就尝不到味道了，况且，这个味道也不算难喝。"但孩子就是不喝，妈妈急得不行。正巧我去她家，看到了这一场景，我就给他妈妈出主意："这些药需要一口一口吸，吸上来不喘气是不可能的，你把这些药都倒到一个碗里来，四小瓶其实也就一大口，孩子喝起来就容易了。"孩子妈妈听了我的建议，孩子憋着气一口喝了，再喝点水，没什么困难。

这个喝药的例子很典型，妈妈以为憋住气吸上药来很简单，其实对孩子来说很困难。当父母看到孩子的困难并帮他把难度降低后，孩子也就乐意去遵照父母的要求了。

能力不足分很多种，我将它们分为四种情况。

### 第一种：心理能量不足

做任何事情都是需要心理能量的。

对于孩子来说，他们用小小的身体面对这个大大的世界，经验又比较少，所以很多时候，做事的心理能量不够，面对困难就会退缩。体现最明显的就是"叫人"——大人常常很难理解，不就是叫个"爷爷好""奶奶好"吗？又不是不会说这几个字，为什么就是说不出口呢？其实，这就涉及心理能量的问题。小孩子面对大人时，只是身高的巨大差距就会让孩子本能地退缩，如果再加上分辨不出来年龄的慌乱（"是该叫叔叔、伯伯还是爷爷呢？"），孩子就更加不知所措。

### 第二种：没有养成好习惯

孩子经常会有一些恼人的"小毛病"，它们常是一些下意识的动作，比如用袖子擦鼻涕、动手打人、摔东西、骂人、随手乱扔垃圾等，父母们一遍遍提醒，一遍遍教，想让孩子改，可孩子就是改不了，令人十分头疼。父母们会觉得是孩子态度不好，不好好配合。可实际上，这不是态度问题，而是因为这些小毛病已经在大脑中形成了不良的"动力定型"，不是说说就能改的，需要父母采用一些特殊的矫正策略。（具体方法见后面章节。）

### 第三种：自控力不足

有时候，孩子知道应该怎么做，可就是管不住自己。比如，让小孩子每天只吃一块糖果，他可能很难做到，如果面前有一盘糖，他们非得全吃完才能停下；看动画片，也很难看完一集就关掉，往往是一集又一集；写作业时，孩子写一小会儿就要玩玩橡皮，摸摸尺子，无法专心快速地一鼓作气——这些都属于自控力不足的问题。

**第四种：身体和思维暂未发育成熟**

完成每件事情都需要一定的能力支持，完成复杂的事情对于孩子的能力要求更高。有时，站在大人的角度觉得很简单的事情，可能对于孩子来说就很困难，这在辅导孩子写作业时尤其明显。对很多父母来说，辅导作业是最闹心的事，有的家长直接被气得生病，为什么？就是因为"怎么都教不明白！""这么简单的题都不会！"是的，对于父母来说，很简单的"18+5=23"，孩子就能算出"68""13"之类的结果，他们有时搞不清"个位""十位"是什么意思，有时搞不清"进位""退位"又意味着什么，这些对他们来说都太抽象，因为他们小脑袋瓜中的思维离不开具体的物体。比如阅读中，孩子的识字量可能够了，每个字都认识，但读完一遍却不知道说的什么意思，因为理解能力达不到；写字时，看似简单的横竖笔画，却无论如何也写不直，因为这需要等到孩子精细动作发育完善，各种动作可以通力配合时才能做好……

针对各种能力不足，父母提要求时需要采用不同的方法：

如果是心理能量不足，父母需要理解和接纳孩子，有意识地去提升孩子的心理能量，或者耐心地等待，或者轻推一下，给孩子助力。

如果是没有养成好习惯，父母可以通过行为演练和正面提醒的方式予以纠正，并且注意在早期建立正确行为的动力定型。

如果是自控力不足，父母则可以将自控作为目标，并教会孩子一些自控的小技巧，如提前提醒、转换思维、隔离、授权别人监督等，有意识地提高孩子的自控能力。

如果是身体和思维暂未发育成熟，父母则需要帮助孩子进行目标分解，查漏补缺，提高相关能力，还要制定出详细计划，如果孩子达到了目标，则可以用一些有仪式感的方式帮助孩子记录成功，计划告一段落之后，要对整个计划及活动过程进行复盘调整。另外，千万不要在感觉最糟糕时放弃，帮孩子突破瓶颈，让孩子看到成功后的自己，对于增强孩子的自信心更有帮助。

## 自暴自弃型

对于父母的要求，孩子既没有能力，也没有意愿做好，我称之为"自暴自弃型"。这是非常困难的类型。

自暴自弃型主要分为两种。

**第一种：学习困难型**

即孩子在学习方面感觉做不好也不想做，但在生活的其他方面还是抱有兴趣，也就是所谓的"学渣"。

有的父母认为"学习不好没关系，人生不止学习一条路"，这种心态有助于缓解焦虑，但并不利于孩子成长。这样想的父母，等于放弃了对孩子学习的要求。在我看来，孩子天生是热爱学习的，不愿学习的孩子大多是因为没有找到成就感。普通孩子的智力差距并不大，都有能力学好基本的学科知识，但是孩子如果因为这样那样的原因觉得学习很难，就会慢慢对学习失去兴趣，没有兴趣自然也学不好，陷入恶性循环。

我有一个学艺术的年轻朋友,她工作后又去读了北京大学的MBA。课程计划中有数学建模,作为一个文科生兼艺术生,她能学会吗?她有些打怵。结果在课上,她听一位教授讲数学建模,突然像开窍了一样:原来数学这么简单!她在初中的时候,换了一个数学老师,老师讲方言,她听不懂,慢慢数学就落下了,她开始越来越讨厌学数学。她妈妈说:"女孩数学本来就不如男生,学不好也正常。"为此,她在高中学了文科。可是,这次再进修的经验告诉她,原来,数学并不难,"我也可以学会的!"

**第二种:什么都不想干**

即孩子在学习、生活的各个方面都感觉不好,对生活缺乏热情,没有什么想做的事情,感觉做什么都没有劲头,暮气沉沉,嘴上常常说无聊,还特别懒散,不愿动,似乎没有什么事情能让他开心、快乐,对什么也不在乎,特别不喜欢为难和挑战自己。

针对不同的情况,父母需要采用不同的方法来提要求:

如果在学习方面困难又缺乏兴趣,可以先从增强能力开始,让孩子找到获得成就感的突破口,比如让孩子倒退学、从最擅长的学科入手、提前学、及时肯定孩子的小成就等,孩子看到希望,意愿往往也会慢慢提升起来,良性循环就建立了。同时,父母要学会积极鼓励,激发孩子的上进心,帮助孩子重拾信心,比如让孩子重新叙述对于学习的感觉,让孩子看到努力是有效果的,讲述学霸的努力故事,让孩子接纳学习中枯燥的部分等。如果上文中朋友的父母当年没有把她学不好数学归因于性别,而是看到她遇到的困难,并及时给予帮助和支持,她可能不至于对数学丧失兴趣。

如果在生活的各个方面都感觉很困难又缺乏热情,不妨先从带孩子运动开始,调动孩子生命的激情;另外,可以让孩子帮助别人,或投入自己相对擅长的事情中,找到价值感;也可以多请教孩子,学会示弱,增加孩子的掌控感;还要注意设定挫折的"暂停键",培养"修复力",让孩子及时从挫折的阴霾中走出来。(具体方法见后面章节。)

# 提要求，五步走

做父母是一种技术，也是一门艺术。技术是有操作流程，可以学会的。参照图3中的流程，父母对孩子提要求时就不会再像"盲人摸象"一样稀里糊涂，而是更有全局观，更清楚地知道孩子处于什么状态，自己应该如何更好地要求孩子。

图3　提要求的流程

**第一步：发现"要求点"，启动程序**

父母不要随意向孩子提要求，一旦必须提要求，那就尽量成功。否则孩子拒绝了第一次，就会拒绝第二次，父母的威信也难以建立。

许多父母经常是脑子里突然蹦出一个念头，然后就开始对孩子发出指令——"快点""抓紧""别磨蹭""过来一下""收拾一下玩具""早点回家""把菜吃完"……张口就来，随口一说，孩子也随便一听，压根不当回事。父母对自己的要求似是而非，不够坚定，孩子做到就做到，做不到就算了。时间久了，孩子习惯了父母的唠里唠叨，心里很清楚："不用当回事，不做也没关系。"如果父母都不把自己的要求当回事，孩子也不会当回事。因此，父母在提出要求前，要确保自己是在理性的状态下，提出的要求是经过深思熟虑的，只有这样，才能确保要求是比较合理的，孩子也更有可能乐意听从。

一位学员分享了下面的故事：

> 我儿子诚诚一直坚持戴口罩，在外面不乱摸东西，回到家就洗手。我在外面看到几乎所有这么大的小孩都能做到。这真令人吃惊。要知道，让诚诚乖乖洗手不是一件容易的事，他要借机玩水，我越叫他越跑，边跑边笑。有时候真的是挑战耐心，衣服一套一套地换。但是只要告诉他"你现在手不干净，需要认真洗20秒以上才能摸其他东西"，他就会配合。在戴口罩这件事上，诚诚一次也没有反抗过，而且记得特别清楚。我想这是因为我们曾经认真严肃地向他讲了新冠病毒的危害，让他感觉这是一件非常重大且严肃的事。

孩子能感觉到父母对一件事的重视程度，而父母需要用自己的方式真诚地表现出这种重视。只有父母认真对待自己的要求，孩子才有可能认真对待。

要求最好具体、明确、可操作。父母有时候会跟孩子说"乖，听话"，这类词特别模糊、宽泛，没有什么具体的内容，孩子听起来也感觉很迷茫，无所适从。在提出要求时，最好能以具体的动作开头，并加上具体的数量，比如"帮我倒一杯水""刷牙三分钟""把碗里的饭吃完""洗手二十秒""练琴五遍"。孩子听到后，就可以立即依照要求去执行，这能提高孩子配合的可能性——就好比菜谱把配料、操作方法都一步步地标注清楚，我们只需要跟着指导就可以完成，做出这个菜的可能性就比较大。

什么时候对孩子提要求呢？在父母效能训练课程当中，有一个非常核心的理念便是"问题归属原则"。

父母因为快要迟到而着急出门，孩子却还在那磨磨叽叽；孩子没有按时回家，却没有及时打电话告知父母，父母感觉很焦虑；父母感觉很累了，想安静地休息一会儿，可孩子却一直在旁边吵闹……总而言之，就是父母感觉烦乱、焦虑、疲累，孩子的行为让父母感觉"不爽"的这些情况都说明父母的需要没有得到满足——父母处于问题区，父母应该为自己的需要承担责任。这时，就出现了"要求点"。

比如，孩子不爱吃青菜，父母担心孩子挑食会营养不良，所以要求孩子多吃青菜；孩子穿得少，父母担心孩子冻着，所以要求孩子多穿点；孩子不好好学习，父母担心孩子没有好前程，所以要求孩子好好学习；等等。

孩子的这些行为都触发了父母内心的某个"情绪开关"，让父母产生要求孩子的想法。这时，父母要保持清醒的认识："这些需要是我自己的需要，孩子在帮助我满足自己的需要。"基于这样的认识，父母去推动孩子、对孩子提出要求时就不会觉得那么理所当然——请人帮忙至少要带着一种"请求"的态度吧！

### 第二步：对孩子的行为进行解码

当你提出一个要求，孩子是如何回应的呢？是十分乐意配合，还是勉勉强强照做，或是直接拒绝？

许多父母没有做好遭到拒绝的准备，他们觉得，"我提出来的要求'都是为了你好'，所以你不能拒绝，也没有理由拒绝"——这种态度是孩子拒绝父母要求的重要原因之一。

对于父母的要求，孩子是有拒绝权的。父母可以根据孩子的拒绝行为表现，了解孩子拒绝背后的原因。

在那种因为正在做的事情被打断而感觉烦恼的情况之外，如果孩子是因为意愿不足而拒绝，通常会表现为对父母的话不理睬、装听不见，或者意兴阑珊、兴致不高，情绪一般不强烈。

如果孩子是因为能力不足而拒绝，通常会表现得比较急躁或者沮丧，有的还会有恐惧感、自我怀疑感，往往情绪比较激烈。这时，父母需要先帮孩子调节情绪，恢复平静。对于小孩子来说，他们的情绪调控能力还没有发育成熟，一旦出现激烈的情绪，父母需要出手相助，而不是让孩子自己"冷静冷静"。

### 第三步：理解孩子不配合的原因并归类

通过第二步的观察，父母一般就能判断出来孩子是因为能力不足还是意愿不足而不配合。

之后就可以根据象限图，将孩子的拒绝归到某个类型当中。分类思维是解决问题的重要一环，父母一定要重视。

### 第四步：接纳孩子，为提要求打好基础

在提出要求之前，父母需要先做好一项重要的工作，就是铺垫。比如

选择合适的时机，使用温和而又诚恳的态度，使用"我信息"和描述性语言等，这些小心思通常会让要求被执行得更加顺利。我们将在第三章详细讲述这些内容。

**第五步：根据类型选择合适的要求方式**

四个象限区分出不同类型的要求方式，具体内容将在第三章、第四章、第五章、第六章详细讲解，大家可以继续深入阅读，根据情况具体分析，选用合适的方式来提要求。

父母要始终记得，提要求的方式往往比要求本身更加重要。即便要求的内容万分正确，如果方法不对，也会让这个要求变味。

> 糖豆的妈妈曾经找我求助，她感觉糖豆爸爸的一些做法不太妥当，但是又说不出来到底哪里不对。糖豆的爸爸非常注重糖豆生活习惯的培养，他像训练军人一样训练糖豆。每天晚上入睡前，糖豆必须洗脸、刷牙、洗屁股，早上起来也必须先喝一杯温开水，然后上厕所、洗脸、刷牙。这些都是很好的习惯，无可厚非。可是，糖豆妈妈觉得怪怪的。她早上醒来，喜欢先拉开窗帘让太阳照耀在自己身上，慢慢苏醒，然后跟孩子一起道"早安"，或者跟孩子做个小游戏开心一下。可是这些在糖豆爸爸眼里就是浪费时间。糖豆爸爸的生活习惯非常刻板，必须按照流程走一遍，糖豆也必须按照他的指示完成所有的步骤才行，不然他就要朝着糖豆大喊大叫。糖豆的爷爷是军人，糖豆的爸爸从小就是被这样训练长大的，现在又用同样的方式来训练糖豆。糖豆虽然非常讨厌爸爸的硬性要求，可是迫于无奈，还是得照爸爸说的做。

糖豆爸爸要求糖豆建立良好的生活习惯，这没问题，我们也都很希望孩子拥有良好的生活习惯。但是人不是机器，孩子可以在更愉快的情况下自然地养成良好的生活习惯，放松而愉悦地做事，而不是迫于大人的压力或者恐惧，否则建立起来的习惯也比较僵化，孩子在做这些事的过程中也充满紧张和不愉快的体验。如果父母的要求没有变成孩子的自我要求，一旦孩子长大，离开父母的监督，反而会放纵自己，走向好习惯的反面。所以家长只有能做到因势利导，用轻松、有趣、好玩的方式引导孩子，孩子才能自然地按良好习惯生活。这让我想起了一个小故事：

> 一位建筑师设计了位于绿地四周的办公楼群。竣工后，园林管理部门的人问他人行道该铺在哪里，他回答，"把大楼之间的空地全种上草"。夏天过后，人们在楼间的草地上踩出了许多小道，优雅自然，走的人多路就宽，走的人少路就窄。秋天，建筑师让人沿着这些踩出来的痕迹铺设人行道。

这位设计师可谓是懂人性的高手，经过这种方式设计出来的小道比较符合人们的行为习惯，人行道铺好后，践踏草坪的行为也减少了许多。

同样，父母在对孩子提要求时，也要注意方式。用尊重孩子自然成长规律的方法去提要求，会让孩子更加乐意配合。

# 回顾与思考

**※ 孩子接受父母的要求并按要求去做,有两个关键点:意愿和能力。**

以横轴为意愿,竖轴为能力,可以划分出四个象限,代表四种不同的要求类型。

**第一象限,配合型**

孩子愿意配合的原因是正向、积极的,而不是出于焦虑、恐惧,或为了讨好父母。可以在孩子能接受的范围内不断提高要求,但不要要求过高、过快,超出孩子的能力。

**第二象限,抗拒型**

对于父母的要求,孩子有能力做好,但就是不想做。大概可以分为三种情况。第一种是对活动本身不感兴趣,甚至有讨厌的感觉;第二种是启动困难;第三种是孩子沉浸在自己的世界里,父母却粗暴地提出要求。

**第四象限,力不从心型**

对于父母的要求,孩子想要做好,可能力达不到。主要分为四种情况。第一种是心理能量不足;第二种是没有养成好习惯;第三种是自控力不足;第四种是身体和思维暂未发育成熟。

**第三象限,自暴自弃型**

对于父母的要求,孩子既没有能力,也没有意愿做好。分为两种情况。第一种是学习困难型;第二种是什么都不想干。

※ 提要求的流程有五步。

第一步：发现"要求点"，启动程序

父母不要随意向孩子提要求，一旦必须提要求，那就尽量成功。要求最好具体、明确、可操作。当父母处于问题区时，就出现了"要求点"。尤其注意那种打着"为了你好"旗帜的要求，它可能是对孩子的一种控制。

第二步：对孩子的行为进行解码

如果孩子是因为意愿不足而拒绝，通常会表现为对父母的话不理睬、装听不见，或者意兴阑珊、兴致不高，情绪一般不强烈。如果孩子是因为能力不足而拒绝，通常会表现得比较急躁或者沮丧，有的还会有恐惧感、自我怀疑感，往往情绪比较激烈。

第三步：理解孩子不配合的原因并归类

根据象限图，将孩子的拒绝归到某种类型中。

第四步：接纳孩子，为提要求打好基础

在提要求前演好"前戏"。

第五步：根据类型选择合适的要求方式

具体分析，选用合适的方式。提要求的方式往往比要求本身更重要。

列出自己家中十个关于"提要求"的场景，分析孩子不配合的原因，根据是否有意愿、是否具备能力，来判断某个要求所处的象限和类型。

# 第3章
# 配合型的亲子关系，是孩子听话的基础

父母亲自抚养孩子，就是在积累教育孩子的资本。父母的声音、相貌、气味等会深深刻入孩子的记忆，孩子对父母建立起生命中最有分量的情感——依恋。这种深深的依恋和信赖，会让孩子更乐于听从父母的要求和教导。

他隔空举着拳头对妈妈咬牙切齿地打,还恶狠狠地说:"你是世界上我最讨厌的妈妈!"

——一位7岁的孩子

## 从小照料孩子，就是在积累提要求的资本

孩子为什么愿意听从父母的要求？从根本上来说，是因为信任父母。相信你也有这样的体会：在说服一个人做一件事时，会找一个和他关系比较好的人去说。这就是关系的力量。

下面的故事来自我的一位来访者。

青青的老公在济南开了一家工厂，她家有两个孩子，老大是女儿，叫咪咪，老二是儿子，叫成成，俩孩子相差1岁。因为生意越做越大，有了老二成成之后，青青感觉精力不够，就把女儿咪咪送回了老家，交给孩子的奶奶抚养。奶奶身体不好，幸好孩子有个姑姑，咪咪就整天跟着姑姑，把姑姑当妈。青青非常感激奶奶和姑姑帮忙照看，每年都给她们不少生活费。奶奶和姑姑对咪咪也十分宠爱，什么活都不让她做，对咪咪照顾得特别仔细。

后来，到了上学的年龄，青青就把咪咪接回了济南。可是，她有点看不上这个在农村长大的女儿，感觉她浑身都是毛病。咪咪什么事都不自己动手做，连吃饭都要妈妈喂，长得胖，做事非常没有条理，学习又一塌糊涂，于是，青青经常训斥咪咪，这让咪咪的自尊心备受打击，娘俩的关系一团糟。因为从小没怎么得

到妈妈的照顾，咪咪和妈妈没什么感情，也不听妈妈的话。为了锻炼咪咪的自理能力，有一次送咪咪上学时，青青让她自己背书包，可是咪咪就不自己背，娘俩杠上了，后来，咪咪干脆拉着书包带，把书包从楼上拖到楼下，青青非常生气，娘俩的关系越来越恶化。

一个周末的下午，我又接到青青的电话，她说这个孩子什么话也不听，她被女儿气得实在不行了，就非常生气地对女儿说："你就气死我吧！"结果咪咪说："气死你拉倒，气死你我回老家找我姑姑去。"青青来找我哭诉："你说我怎么生了这么个女儿？"

我对她说："孩子长成这样，不怪孩子呀！谁让你打小就没照顾人家呢！"她觉得在理，内疚又自责地哭了起来。

我又接着对她说："已经过去的事情就过去了，相信当时这也是你能想到的最好的安排了。眼下，咱们要看看如何更好地对待咪咪。"我建议青青和孩子做一次"破冰"活动，找个放松、安静、彼此心情好的时刻，抱着孩子，对她说："妈妈爱你，从小没能在你身边照顾你，妈妈很遗憾，而且妈妈一直非常想你。现在你终于回到妈妈身边了，你知道妈妈有多高兴吗？现在就让我喂你一次，弥补一下不能陪伴你长大的遗憾吧。"然后，妈妈可以经常抱抱咪咪，给她做做身体按摩，让孩子感受与妈妈亲密相处的快乐。孩子现在成长得不如意，也不能怨孩子，先放下对孩子的要求，多欣赏她，让她获得充足的母爱，建立了温暖的亲子关系之后，再慢慢提高要求。

青青按照我说的去做了。她发现，咪咪画画的色彩感特别好，于是经常夸赞，自己对咪咪的不满意和评判也慢慢地放下了，她开始试着接纳咪咪，咪咪也感受到了妈妈的爱与温暖，在日益亲密的过程中，娘俩都感受到愉悦。咪咪变得越来越听话和自信，做事也积极起来。

很明显，咪咪从小不在妈妈身边长大，娘俩缺乏感情基础，咪咪对妈妈缺乏信任，妈妈对咪咪缺乏了解，看到咪咪身上有那么多小毛病，她也不接纳女儿。小孩子都是非常敏感的，妈妈的不接纳让孩子很受伤，因此压根不把妈妈的管教当回事。而当妈妈放下强硬的要求，先与孩子进行情感链接，让孩子慢慢对妈妈打开心房之后，妈妈的要求才能真正走进孩子的心。

有的父母认为，反正孩子小，不懂事，放哪儿都行，就在孩子上学之前把孩子送回老家，觉得老家空气好，吃的蔬菜也新鲜，似乎对孩子的健康成长更有利。但实际上，这样做错过了孩子与父母建立亲密依恋的最佳时期，等到把孩子接回身边时，父母是需要补上亲子关系中重要一课的。如果这时父母急于要求孩子，一定会遭到孩子极力地对抗——"从小你都不养我，你有什么资格管我？"

第二个故事来自亲戚家的一位妹妹。

妹妹生了儿子默默后，因为要上班，就把孩子奶奶请来帮忙照顾。孩子奶奶特别能干，也特别娇惯孩子，不仅做什么事都包办，而且默默有什么要求都尽量满足。默默非常依恋奶奶，晚上也跟着奶奶睡觉。妹妹看到老人对孩子很尽心地照顾，孩子也喜欢和奶奶在一起，自己乐得轻松。奶奶尤其见不得孩子哭，有时候妹妹管教默默，她就护着："俺大孙子哟！别哭了，别哭了！"然后就把孩子拉开，妹妹不好再多说什么，默默也就被惯出不少毛病，越来越任性、爱哭，而且特别懒，凡事都让别人替他做。

后来，妹夫的弟弟也有了孩子，老太太又被请去看更小的孩子了，妹妹这才得以拿回默默的管教权，恰好默默也要上小学了，当老师的妹妹信誓旦旦地说："我要用两个月的时间改掉他这些臭毛病！"于是，她给默默制定了一系列严格要求，包括饮食、运动等生活习惯的调整，看电视、玩手机时间的控制，阅读、写字等学习习惯培养，等等。被奶奶宠爱惯了的默默，适应不了妈妈这种严格的要求，娘俩每天直眉瞪眼、对抗不断。有一次，在和儿子对抗了半天之后，妈妈坐在小凳子上生闷气，猛地一回头，她发现儿子正隔着空气，无声地、咬牙切齿地对她挥舞着拳头，看到妈妈回过头，儿子脸上掠过一丝尴尬，但还是恶狠狠地说："你是世界上我最讨厌的妈妈！"

妹妹向我描述这一幕，我对她说："孩子亲近你、信任你，才会愿意听你的。"妹妹是小学老师，对教育有自己的见解，意识到这样下去是很难教育好默默的。毕竟习惯的形成不是一天两天的事，突然从奶奶那种满足放纵的风格转到严格的要求，孩子很难适应，不理解也不会接受。

于是，妹妹改变了对默默的教育策略，决定先以建立关系为主。她先给默默道了歉，告诉她自己前段时间对他确实有点太严格了，以后会注意方法。孩子听了很感动。她还学着给孩子做各种好吃的，披萨、蛋挞、蛋糕……有空就陪他讲故事、玩游戏，还会给他买最喜欢的乐高玩具，陪着他一起搭建。慢慢地，默默感觉跟妈妈在一起很开心，这是奶奶无法带来的一种快乐。对于妈妈的一些要求和建议，默默也开始试着接受，生活习惯越来越好，自我管理能力也越来越强。在妈妈的耐心引导下，默默在小学一直比较顺利，兴趣广泛，学习成绩也还不错。初中他开始把注意力放到学习上，中考时成绩非常优秀。

虽然默默在妈妈的身边长大，但因为主要抚养者是奶奶，默默跟奶奶的关系更亲近，与妈妈没有很好的感情基础，所以不愿意接受妈妈的要求，对妈妈的严格要求更是无法适应。

在家庭教育咨询中，如果亲子关系建立得不好，亲子之间有矛盾甚至对抗，我通常建议父母要先开启一个充满仪式感的和解过程，比如就自己一直以来使用粗暴的态度和错误的方法向孩子道歉，表达自己对孩子的爱，希望能一起生活得开心；同时承诺自己以后要做出改变，会温和地与孩子说话，不再乱发脾气；然后和孩子亲热地抱一抱，使关系进入一种新的阶段，之后再尝试提要求，效果会好很多。

我做过多年的家庭教育研究，对比发现中国算是对孩子管教最严厉的国家之一，而中国的孩子似乎心理承受能力比较强，对父母的严厉管教接受度也比较高。为什么？我想，那是因为中国父母疼爱孩子时可谓无微不至，付出很多，所以当父母严格要求时，有这些疼爱垫底，孩子也相对容易接受吧！

犯罪心理学研究专家李玫瑾教授在一次演讲中指出："父母亲自抚养孩子，那是在积累教育孩子的资本。"这样说不无道理。3个月前的孩子只会吃喝拉撒，不要说活动，连翻个身都不可能，长时间一个姿势躺着难受，只能靠哭来寻找帮助，所有的痛苦都要靠别人来消除。这时孩子是最无能、最无助的，所有的需要都靠抚养者来满足。所以这时候，抚养者的声音、相貌、气味等，会深深刻入孩子的记忆，孩子也对抚养者建立起生命中最有分量的情感——依恋。孩子依恋抚养者，抚养者就获得了教育孩子的心理资本。对抚养者深深的依恋和信赖，会让孩子更乐于听从抚养者的要求和教导。

溥仪皇帝小时候有喜欢虐待别人的恶习，有一次他命令太监吃很脏的东西，冬天还用水泼太监，差点没把太监折磨死。他的老师苦口婆心，跟他说要做个圣贤明君，天天和他讲大道理，但是一点都没作用。后来，溥仪皇帝的乳母来了，对于她的劝诫，溥仪皇帝就"不可违逆"了！

教育孩子是一个长期的大工程，没有基础，后期就会出大问题；出了问题，如果缺乏管教的资本，就只能有心无力了。所以，尽量让孩子在父母身边长大，疼他、爱他，让他喜欢你、依恋你，哪怕苦一点、累一点，坚持三年，孩子上幼儿园就轻松了。尽量不要让孩子当留守儿童，否则等孩子长大了，父母却缺乏心理资本，再想去管教孩子可就难了！

# 建立配合型的亲子关系

好的亲子关系不仅是陪在身边这么简单,父母还要想办法建立配合型的亲子关系。比较理想的状态是:孩子信任父母,愿意听父母的话,按照父母的要求去做。如果留心观察就会发现,有的孩子虽然比较淘气、调皮,但是如果父母非常坚持,孩子会听,也就是说,父母对孩子是有影响力的,孩子心里是依从父母的。

有一次,我去一个朋友家做客,主人家4岁的孩子小米非常活泼,自己用各种道具摆了"快乐向前冲"的场景,椅子摆成一排当独木桥,书立起来当跳栏,滑板架在椅子上当小桥,呼啦圈放在地上蹦进来蹦出去,非常有创意。看见我们进来了,孩子兴奋地展示给我们看。她妈妈开心地表扬了她的创意,然后认真地告诉她,"家里来客人了,我们需要用客厅",请她把"快乐向前冲"暂时收起来,她很爽快地答应了。妈妈要准备简餐,小米又跟进厨房,在旁边反复开关燃气灶,她妈妈随口说了句:"不要玩燃气灶,这不是玩具。"小米并没有停止她的探索。后来,妈妈又非常认真地对她说了一遍,告诉她:"反复开关燃气灶是很危险的事情,会引起火灾。"这时,小米似乎意识到了问题的严重性，乖乖地停止了，然后又高兴地跑去玩水了。

从小米身上，我看到了一种自我与顺和的平衡。她非常有自己的想法，乐于探索，她得到的自由和允许一定非常多，所以才会这么有创意，同时，当妈妈认真地跟她说一件事情时，她会听，不执拗，不违逆，然后开心地开始她的另外一种探索，表现出对妈妈的信任。我能感受到她和父母之间有一种非常深的联结。

而要想建立配合型的亲子关系，父母需要做好三点：满足孩子，相互配合，坚定地要求。

## 满足孩子

我始终认为，只有建立在充分满足的基础上，孩子才更愿意接受偶尔出现的不满足。

下面的场景很常见：孩子在超市看到一个特别喜欢的玩具，而妈妈觉得太贵了不想给他买。如果有两个孩子，一个孩子的妈妈经常满足他，但唯独这次不想给他买，而另外一个孩子的妈妈很少给他买玩具，而这个玩具他真的非常想要。凭你的经验，哪个孩子更容易被说服？

依我看，应该是第一个。因为平常妈妈给他买过很多玩具，而这次不买，只要说清楚理由，相信他是可以接受的。因为他知道，妈妈爱我，我想要的东西一般都会给我买，这次不给我买肯定是有原因的。但是对于第二个孩子，很容易因为妈妈再一次的拒绝而引爆身体里内置的"火药桶"：妈妈不爱我，我想要的东西都不给我买！这极有可能会成为孩子情绪大爆发的导火索。

有一天早上,我听到一位年轻的同事在分享她昨晚"作"的经历——她昨晚不知为何突然心情变糟,就开始想办法折磨老公:要吃当时根本买不到的东西,不买就撒泼、恶语相向。于是,她老公开车带着她满街乱转。"蛋糕行吗?""我才不要吃破烂小店的蛋糕。"接着转,开到好利来,赶在关门前的最后一刻,他把车开到店门口:"老婆大人,这行吗?"她绷不住笑,推门下了车。她后来解释,并不是她矫情到觉得好利来比别的蛋糕好吃,而是一路上老公对她的态度让她觉得,自己应该"作"够了。她不是吃货,对蛋糕没有那么深厚的感情,她要的只是不管她怎么"作",老公都不跟她计较,都会呵护她,无条件地接纳她,这种东西应该叫作"情感满足"。

这让我联想到了我与儿子的关系。在学习和生活的各个方面,我对他要求都比较严格,但同时,我也是有点"惯"他的。他喜欢的东西,我在能力允许的范围内,会尽量满足他。他有什么愿望,我也会尽量帮他去实现,愿望实现的时候他会感觉特别幸福,这也是孩子接收到我的爱的重要过程。如果长时间出差,我一定会给他带礼物来表达思念。他想要尝试的事情,我也会尽量支持他。男孩总喜欢冒险,只要我能承担后果,或者能在陪伴他的过程中防范风险,我就不阻拦,还忍着自己的"肝儿颤",为他叫好。我有点洁癖,看见他在泥里玩,也挺纠结,但看到他那么开心,我也不忍心呵止他,只好一点点克服自己的洁癖……

面对我同事的"作",她老公的一再包容,会让她产生一种情感上的极大满足:老公一定特别爱我!对于孩子也是一样。我们试着看见孩子,跟随他们的需求,在非原则性问题方面尽量满足他们,我相信,这会在他们心里一点点地建立起一种信念:爸爸妈妈肯定特别爱我。有了这个基础,面对父母的要求,孩子才愿意全力以赴。

## 相互配合

家庭中的配合应该是双向的，孩子服从于父母，父母也乐于配合孩子，这是一种平等的关系，双方都是理性的、乐于讲道理的人，彼此也愿意考虑对方的感受，希望对方开心愉快，不愿意看到对方难过的样子。这是一种自愿的相互配合，没有谁凌驾于谁，服从是礼貌和尊重的体现。大人没有权利逼迫孩子服从，服从一定要出于孩子自愿，而不可加以强迫。尼尔（Neill）在《夏山学校》（*Summerhill School*）中曾描述过这种双向的配合。

> 如果让孩子自由发展，家中就不会有权威，这就是说，家中将没有人大声命令："我说的，给我做去！"但事实上权威仍然存在，不过那可称为保护、照料与成人的责任。这样的权威有时要求服从，但有时也要去服从。因此，我可以对我女儿说："你不能把烂泥和水桶带到客厅来。"同样，她也可以说："出去，爸爸，我现在不要你在我房间里。"我当然会一声不响地服从她。

这种双向的服从其实是一种身份的转换。如果是孩子单方面服从，那就是父母高高在上，孩子被动地服从；而双向的服从则意味着双方是平等的，都要学着尊重对方。

尼尔进一步描述了两种不同的纪律和服从：乐队的纪律和军队的纪律。

纪律是一种达到目的的手段。军队的纪律目的在于能高效地战斗，所有的纪律都是要个人服从某种主张。但是还有另外一种纪律。举例来说，在一个乐队里，第一小提琴手服从乐队的指挥，他和指挥一样，也关心音乐会，希望演奏成功。快乐的家庭像乐队一样享有分工的乐趣与气氛，痛苦的家庭就像纪律严格的营房。

这两种关于纪律的比喻真是非常贴切，在家庭中，需要形成像乐队一样的氛围，为了完成一个完美的乐章，相互协调，相互配合，而不是像军队一样，只有上下级之间的命令和服从。还记得上一章我们提到的像训练士兵一样训练孩子的糖豆爸爸吗？他就是把军队的纪律搬到了家里，使孩子在建立习惯时只感到被动和恐惧，而不是在家庭生活中奏出和谐的乐曲。

当然，因为父母作为大人天然具有优势，往往会不自觉地要求孩子多，配合孩子少，因此，父母可以有意识地增加一些"配合孩子"的机会，增加孩子的主控感，从而让孩子也更加乐意配合父母。

"我是机器人"是儿子小时候经常玩的一个游戏。孩子的手一碰我的鼻尖，我就变成了"机器人"，开始用机器人的声音说话："主人，请问需要我做什么？"儿子会安排一系列任务："去帮我倒杯水、拖地、刷碗、收拾玩具……"通常，我都会乖乖照做。有时他还会故意"整"我："去撞墙！"我也会乖乖去往墙上撞，笑得他前仰后合。后来，我读到了绘本《弗雷德忘记了》，发现绘本的精神与我和儿子玩的游戏如出一辙。弗雷德是一只大象，但是它的记性特别差，总是忘东忘西！有一只"热心"的小猴子总会在旁边提醒弗雷德——"你肯定是打算去喝沼泽里的水、去跟鲨鱼一起游泳、帮小猴子剥100万根香蕉、穿上裙子跳舞……"笨拙的弗雷德照做了，可是做着做着又有点自我怀疑："这真的是我要做的事情吗？"弗雷德的滑稽样笑翻了在一旁的小猴子。

通过这样的游戏，孩子感受到一种强大的主控感以及与父母的亲密感，假如孩子心中有一个渴望爱的杯子，这就相当于在填满杯子，有这些做基础，当我们要求孩子时，他通常会更加愿意配合。

## 坚定地要求

满足孩子是一件十分幸福的事情，这一方面是父母的本能，由孩子的满足感所引发，另一方面是因为许多父母通过满足孩子而满足了那个曾经没有得到满足的自己。父母很容易陷入满足孩子的良好感觉当中而无法坚定地要求孩子，尤其是那些成长过程中没有得到充分满足的父母。

如果不能搭配合理的要求，父母的爱很容易走向宠溺。趋利避害是人的天性，孩子也会沉溺于感官的享受当中，不愿意自我挑战和自我突破。生活中不可能所有的事情都好玩、有趣，都能让人蹦跳着高兴地去做，总有一些事情是我们不想做但又不得不做的，因此，我主张父母坚定地提出要求。这时，父母的坚持往往就成为孩子努力的动力。

> 我儿子刚开始学写字时，他感觉很难，经常逃避写字这件事，遇到需要写字的作业他就犯愁，不想开始。我表达了对他的理解，精细动作发展不完善，乍写肯定觉得累，也写不好，这很正常。但同时我也告诉他，字如其人，写好字是非常重要的事，可以磨炼人的心性，将来还能给他的作文加分。我陪着他，从简单的笔画开始练起，还给他讲了"达·芬奇画鸡蛋"的故事，让他知道，大画家也是从最简单的鸡蛋开始画起。我们还发起了"每日一字"的活动，一起观察、讨论每个字怎么写才好看，全家一起写，看谁写得好。"心"字底我总是写不好，而儿子写得挺好，这件事给他建立了信心，为了赢我，他开始认真对待写字这件事，慢慢地，他的字越写越好看，我都追不上了。

在我的另外一本书《帮孩子适应幼儿园》中，我阐述了控制型的亲子互动，它是指在亲子互动和交往过程中，家长引导和控制幼儿活动的方向，保证幼儿的行为满足父母的意愿并符合社会规则要求。在这个过程中，孩子意识到父母的要求，最终表现出与父母的期望和要求一致的"听话"行为，而这种"听话"行为就是孩子自我控制能力和遵守规则意识发展的起点。

亲子互动过程中，如果孩子经常能从这种"听话"行为中感受到快乐，"听话"行为就会越来越多，孩子会表现出比较强的自控能力，形成乐于遵守规则的习惯，这就建立起了"配合型"的亲子关系。

家庭教育好比一栋小楼，有一个地基和两层楼，地基是观念接纳，即理解孩子、接纳孩子，给孩子充分的爱；一层是技术接纳，对孩子的行为给予积极、恰当的回应；二层才是对孩子谈期望、提要求。也就是说，如果没有做到地基和第一层的接纳和回应，就想让孩子听父母的，那就犹如建造空中楼阁。但如果地基打好了，亲子关系建好了，但不继续通过要求规范和约束，帮助孩子遵守规则，提高自我管理能力和期待，孩子也很难进步。一般成就比较高的孩子，父母的要求也比较高。可以说，回应和要求是养育的两个重要方面，缺一不可。

# 提要求前演好"前戏"

配合型亲子关系是提要求的基础，但父母如果能注意使用一些小技巧，多花一些小心思，会有锦上添花的效果。

这个话题让我联想到求婚这件事——它是提出要求的一个典型案例，我们可以从中汲取一些经验。我的一位年轻同事向我描述了她被求婚的经历：

> 星期五晚上我们约好一起去看电影，下午男朋友说需要加会儿班，晚些来接我。等他过来的时候，离电影开场只剩不到半小时了。路上他说有点渴，就让我到电影院旁边的饮品店买饮料，他买电影票。我们进场后发现电影已经开始了，坐在最后一排最中间位置，我还说就剩最后两张票了，还是这么好的位置。坐下后他一直在发微信，大概过了半个小时，他说去打一个工作电话，然后就出去了，我就继续看电影。
>
> 看着看着电影屏幕突然黑了，周围的人都在喊"工作人员呢""这咋回事""退票退票"什么的，但是一直没人出去找工作人员，也没工作人员进来。然后电影屏幕开始闪，我还以为信号恢复了要继续放电影了呢，但是没想到紧接着在屏幕上看到的是我的名字和照片，随后就是我的照片、我俩的照片，还有他的

朋友和我的朋友给我们录的小视频，每个视频的最后一句都是"青青，嫁给他吧"，最后是他自己的煽情小片段，说完之后屏幕定格在"Would you marry me?"（你愿意嫁给我吗？）

这时周围的人突然都用手机闪光灯打在我身上，前排的人用闪光灯打向入口处，伴着大家的欢呼声我看到他拿了一捧玫瑰花走进来。

他走向我，单膝跪地说爱我，说会守护我一辈子，要我嫁给他。还没等我说"我愿意"，他就把戒指套在我手上了。这时我才注意到，电影院里的人都是他的朋友和我的朋友，他刻意把我没见过的朋友安排在我身边坐着。当时心里又惊又喜，感动极了。

超级感动对不对？同事跟我描述的时候，我还能感受到她那股兴奋劲。回过头来看看，整个求婚过程都是他男朋友精心安排的，可谓煞费苦心。

首先是场景的选择——电影院。这本来就是一个非常浪漫的地方，灯光幽暗，又突然全黑，屏幕再开始闪烁，闪光灯聚焦，对比非常强烈。

然后是劝说过程。朋友录的视频、男友录的视频，加上最后手捧鲜花的请求——"我爱你，我会守护你一辈子"，不容置疑，让人根本无法拒绝！

这是一次非常成功的求婚，惊喜感十足，浪漫的氛围营造、精心的流程设计、朋友恰到好处的助力、坚定又不乏浪漫的语言——前戏做得很到位，才把我同事感动得稀里哗啦。

孩子比较感性，情感往往胜过理性，如果一件事让他们感觉不好，他们一般就不愿意去做。在向孩子提出要求前，虽不用像求婚那么正式、烦琐、仪式感十足，但如果父母愿意花一些心思，将会起到事半功倍的效果。正如求婚一样，女主在乎的其实不是具体细节，而是男友肯用心去筹备这件事，用心对待就是一种爱的表达，对于孩子，也是一样。重要的不是技巧，而是父母这个行为所传递出来的爱。

## 选择合适的时机

时机选择非常重要，在孩子比较放松，心情比较好的时候提要求，通常会得到比较爽快的回应——刚刚痛痛快快在外面玩了一圈、结束了一个很好玩的亲子游戏、饱餐了一顿美食、得到了心爱的礼物，或者晚上躺在床上聊天、按摩时，孩子内心的杯子被爱填满了，有种极大的满足感，觉得世界特别美好，自己似乎可以搞定一切，并倾向于做出"肯定"的回答。

我和儿子有睡前聊天的习惯。娘俩躺在床上，他说说最近的感受——高兴的、生气的、困惑的、苦恼的，我也说说自己的事，或者对他最近的一些表现发表一下自己的意见，此时，娘俩的心感觉特别近，顺势提出一些要求，他往往也比较认同。先交心，谈感情，谈"热乎"了再提要求，就仿佛是冬天开车前先热热车，这也是我的要求经常能顺利得到儿子配合的一个重要原因。

## 使用温和而又诚恳的态度

父母要用十分诚恳的态度说清楚具体的要求以及为什么这样要求，让孩子知其然，更知其所以然。这就仿佛老板在给员工开动员大会，好的老板一定会把项目的来龙去脉做整体介绍，让员工看到项目的意义及价值，激发主人翁意识，然后再定目标、提要求，效果会更好。

用请求的方式发出指令，用"请你""能不能""现在方不方便，要跟你说一个事情"开头，给孩子充分尊重，他们也会更加愿意配合。假如能加上一点幽默感，那就更好了——"我感觉我在家里走路就好像是爬雪山过草地，能不能麻烦你把房间收拾一下？"把要求藏到游戏里效果也不错——孩子挑食，可以带着他每天打卡三色食物，或挑战每天吃够15种食物，累计吃够百种食物过关赛。想要孩子练琴，直接规定弹多少遍会显得比较生硬，跟孩子说："我特别喜欢听你弹琴，你能弹给我听吗？"然后在旁边闭着眼睛享受，跟着音乐的节奏摇头晃脑，看到你的投入，孩子会很乐意为你演奏；学到一定程度，还可以试着在家里开个人演奏会，父母当主持人报幕，孩子来演奏，孩子练琴的积极性会更高。从大的方面来说，这反映了父母的一种生活状态，生活本来就应该是轻松愉快的，这种氛围在无形中就能感染孩子。

除了所说的具体内容，态度中非常重要的一部分是用身体来表达的，包括表情、肢体动作、说话的语气等。在提要求前以及过程中，父母可以先问问自己，我是不是打心底里对孩子足够尊重？我的心情是不是很放松？我的表情是否自然？我的肢体动作是不是让孩子感觉到被接纳？我说话的语气有没有很温和？还是那句话，孩子许多时候不是不接受父母的要求，而是不接受父母的态度。

## 使用"我信息"和描述性语言

早上，眼看要迟到了，孩子还在磨磨蹭蹭，不快点洗脸刷牙，请看下面两种说法，哪种是孩子更愿意听的？

说法一："我觉得你太磨蹭了，你能不能快点？！"

说法二："我感觉很着急，因为我要迟到了，你能快一点洗脸吗？"

听父母说"我觉得你太磨蹭了"的孩子会感觉被指责，他下一步想做的是为自我辩解：我没有磨蹭！这反而加重了孩子的自我中心，并没有达到让孩子理解父母感受的目的,孩子也会对父母的要求产生不自觉的逆反:"哼!你说我,我偏不照你说的做!"

说法二没有批评孩子,而是说自己的感受,这会激发出孩子内心天生的合作意识,他们也爱父母,愿意为父母付出,这让洗脸这件事充满了爱的意义。写到这,我想起张文宏在新冠肺炎疫情暴发期间,鼓励大家居家隔离,他说:"现在开始每个人都是'战士',你在家里不是隔离,是在战斗啊!你觉得很闷吗?病毒也要被你'闷死'了。"他的这段话,让居家隔离这件事变得更有意义,从而不那么难熬了。

说法一采用的是以"你"开头的句式,虽然父母说的是"我觉得你……",其实重心还是在"你"。许多父母在给孩子提要求前,先把孩子数落一顿,细数孩子的各种不是——"你最近表现特别不好""我感觉你态度非常不端正""我看你就是欠揍",这会让孩子感觉受到指责,非常受伤,从而想要对抗。

说法二采用的是"我信息",是以"我"开头的句式。"我感觉""我看到""我觉得""我猜想"……表达的是父母自己的感受,没有对孩子的指责,听上去就舒服多了。

有时,父母也需要对孩子的行为进行描述。这时,就需要使用"描述性语言"。比如,孩子最近学习不积极,放了学先玩,结果作业要拖到好晚才写完。来看下面两种说法。

说法一:"你最近学习态度非常不认真,回到家光想着玩,作业拖到很晚才写完!"

说法二:"妈妈看到你最近几天放了学要先玩一会再写作业,写作业到挺晚,妈妈有点担心你睡眠不足。"

听到妈妈说自己"不认真",孩子肯定又想反驳:"哪有不认真!只是因为最近在学校总是做卷子，感觉有点累了而已！"认不认真就是父母的一个评价，会让孩子感觉不舒服。

而说法二中，妈妈描述了自己看到的孩子的一些行为表现以及自己的一些感受，没有什么评价和判断，听上去就舒服多了。

在描述感受方面，需要注意的是，父母最常见的感受是"生气"——孩子磨磨蹭蹭他生气，孩子不收拾玩具他生气，孩子不快点睡觉他生气……其实，生气只是表面现象，生气的背后通常还有一些情绪未被表达。对孩子磨蹭的生气背后其实是着急，对孩子不收拾玩具的生气背后其实是由混乱引起的烦躁、对丢失玩具的担心等，对孩子不快点睡觉的生气其实是焦虑和担忧，怕孩子睡眠不足影响身体健康……如果父母仅仅跟孩子说"生气"，就无法让孩子更好地理解父母，而只是感觉被指责，所以，父母需要深入地看清自己生气的原因，并耐心地跟孩子解释清楚，孩子才会听得懂。

许多父母会说，跟孩子提个要求还得这样苦思冥想、百转千回吗？有这个必要吗？非常有必要。跟自家孩子相处时间久了，亲密无间，容易产生错觉，觉得孩子像我们身体的一部分，宛如手脚，可以随意指挥。但实际上，孩子是独立于我们之外的存在，如果大脑像给我们自己的手脚下指令一样给孩子直接下指令，那一定会遭到各种不配合。这也是亲子间发生冲突的一个重要原因。

解决这种困境的一个很好的方法是：试着把自家孩子当成别人家的孩子来对待。假如要向别人家的孩子提出一个要求，你会怎么做？相信你一定不会硬邦邦地直来直去，而会前思后想，预想可能出现的各种情况，做好应对预案，并试着演好"前戏"，以确保对方比较容易接受自己的要求。这也是为什么我们在亲子教育中非常强调"界限感"，有了这种界限感，意识到孩子与我们不是一体的，许多事情反而就比较容易了。

## 回顾与思考

※ **孩子愿意听从父母的要求，是因为信任父母，和父母关系比较好。**

亲自抚养孩子，可以建立亲子依恋，从而获得教育孩子的心理资本。

※ **建立配合型亲子关系，父母需要做好3点。**

1. 满足孩子

只有充分满足，孩子才愿意接受偶尔的不满足。

2. 相互配合

家庭中的配合应该是双向的，孩子服从于父母，父母也服从于孩子，这是一种平等的关系，是一种自愿的相互配合。在家庭中，需要建立像乐队中一样的纪律，而不是像军队一样。父母可以有意识地增加一些"配合孩子"的机会，增加孩子的主控感，从而让孩子更加乐意配合。

3. 坚定地要求

生活中总有一些事情是孩子不想做但又不得不做的，因此，父母要坚定地提出要求。父母的坚持往往就成为孩子努力的动力。

※ **在每次提要求前，父母多花一些心思，会有锦上添花的效果。**

1. 选择合适的时机

在孩子比较放松，心情也比较好的时候提要求，通常会得到比较爽快的回应。

2. 使用温和而又诚恳的态度

父母要用十分诚恳的态度说清楚具体的要求以及为什么这样要求，让孩子知其然,更知其所以然。用请求的方式发出指令,或者把要求藏到游戏中,会让孩子更加愿意配合。

### 3.使用"我信息"和描述性语言

"我信息"是以"我"开头的句式——"我感觉""我看到""我觉得""我猜想"。描述性语言指的是父母在表达时不要评价,只是客观地描述孩子的行为表现以及自己的感受。另外,父母需要深入地看清自己生气的原因,并耐心地跟孩子解释,孩子才会听得懂。

试着把自家孩子当成别人家的孩子来对待,提要求时就不会直来直去,亲子间有了界限感,一切就会容易得多。

1.在你的家庭生活中,哪些方面是乐队的纪律?哪些方面是军队的纪律?

2.请尝试把自家孩子当成别人家的孩子来对待,记录你的感受。

## 第 4 章
# 孩子明明能做到，但就是不配合

很多时候，孩子明明可以做到父母提出的要求，但就是不愿听、不愿做，因为这件事很可能让他感觉不好。如果我们把这个要求变得有趣，或者让他感觉对自己有益处，孩子就会积极配合、主动去做了。

> 我本想看完这一集就去学习,
> 妈妈一数落我,我就又不想动了。
> ——一位 8 岁的孩子

## "我就是不喜欢"

生活中有许多让孩子体验不那么好的事情,刷牙、洗头、吃青菜、运动……孩子是非常感性的,如果对一件事感觉不好,他们往往就不愿意做;在这些方面提要求,普遍会遭到抗拒。

在一期父母训练课程结束后,学员们分享了自己如何改变方法,引导孩子们做他们原来不喜欢的事情。

### 不喜欢刷牙

加加不喜欢刷牙,一开始我也没特别注意这件事,不喜欢就不喜欢,随他去吧!直到他有了一颗蛀牙,其他牙齿也开始出现脱矿的迹象(牙齿上出现白色斑点,主要是因为喜欢喝酸性饮料或者牙菌斑覆盖在表面没有及时清理引起的,治疗方法就是好好刷牙,尽量戒除酸性饮料),我意识到这事不能再依着他了。

他说不喜欢牙膏的味道,于是,我给他买了儿童专用的电动牙刷,还有他喜欢的各种口味的牙膏,草莓味的、橙子味的、樱桃味的,供他选择。

刷牙前,我给他播放音乐《牙刷火车》:小牙刷,手中拿,张开我的大嘴巴,牙刷火车出发了,喊嚓喊嚓呜……然后,我打开电动牙刷——"牙刷火车要进山洞啦!快点开门!"加加赶紧张开嘴。"洞里轨道不好走,请乘客们系好安全带。我们出发!咦?有两条路,走哪边好呢?先往右边试试吧!(刷右边)咦?火车怎么脱轨了?天呢,不可以……(刷里面)啊,好险好险,终于回到轨道上了。(刷上面)不好,怎么又要脱轨了……不要啊!(刷外面)吓死我了,终于回到轨道上了。我们还是往左边这条路看看吧!(刷左边)不好,又要掉下去了!(刷左边的里面)算了,我还是去上面瞧瞧吧!天呢,上面更可怕,整个火车全倒过来了!乘客们一定抓紧啦!(刷左边的上面)吓死我了!我得赶紧出去!(我装作很害怕,把牙刷拿出去)"加加指着右边上面的牙齿说:"妈妈,这边牙刷小火车还没来过呢!""不行不行,我好害怕。要不,你来当牙刷火车的司机吧!"

"看我的!"加加自己拿着牙刷刷了起来。

"加加小司机真棒!妈妈的牙刷火车也要开动啦!"我和加加一起刷起了牙。

一边玩牙刷火车游戏一边刷牙,让刷牙这件事不再那么讨厌。看到绘本《鳄鱼怕怕,牙医怕怕》,我们也会一起分角色扮演,当然,大部分时候都是我当鳄鱼,而他是那个指着我说"你一定不要忘了刷牙"的牙医。

我还给他买了绘本《牙齿大街的新鲜事》,让他了解蛀牙是怎么形成的,细菌在牙齿里干了些什么,以及刷牙有什么好处。有时他想偷懒,我就提醒他"不刷牙会蛀牙哟!"他有时会听,有时候会故意跟我对着干似的:"坏了就坏了吧!"这时,我又会使出杀手锏:"嗯,牙齿坏了,我得带你去看牙医,要花很多钱，这些钱从哪儿来呢？从给你买零食的钱里面扣吧！"他就只好乖乖就范了。

## 不喜欢洗头

辰辰不喜欢洗头，每次洗澡开始时，他就预先声明："不洗头。"他尤其不喜欢冲头时洗发水流到眼睛里的感觉。我给他买了儿童专用的洗发水，几乎没有泡沫，还有洗发帽，可他还是不喜欢洗头。

有一天，辰辰洗完澡后躺在床上玩，也许是因为刚刚被强迫洗头的各种不愉快，他突然喊着："洗头咯！洗头咯！"然后假装手是淋浴头，准备给我洗头。我大叫着跑开，假装很害怕洗头。他跑过来追我，追上后开始给我狂洗，我表现得各种害怕，大叫着不愿意，他咯咯笑着，洗得更加起劲。后来，轮到我给他"洗"了，我说："洗头太可怕了，你肯定不敢洗。"他表现得十分镇定、勇敢，一声不吭地洗了头，然后自豪地看着我，问我他是不是特别勇敢。我表示十分惊讶："洗头这么可怕的事情，你竟然也敢挑战了？"从那以后，他竟然真的不怕洗头了。每次洗头，他都说："我是洗头小勇士，我不怕洗头！"

后来，我们又围绕洗头一起开发了好几个小游戏。

"快点出来淋雨啦"——把淋浴头开到最大，假装倾盆大雨，我们冲到雨里去把自己淋湿；"快点来灭火"——"不好，头发着火了，消防员请就位，现在开始灭火！"我们轮流当消防员，互相给对方的头"灭火"；"大水冲了龙王庙"——先用洗头膏的泡沫在头上做出各种造型，然后冲到淋浴下面，让大水把造型冲垮……

渐渐地，洗头成了辰辰十分喜爱的一项活动，现在，再带他回想当初他不喜欢洗头的样子，他都很纳闷："咦，那是我吗？"

## 不喜欢运动

因为我要上班，萱萱大部分时候都是由奶奶照顾，奶奶腿脚不便，很少出门，萱萱慢慢养成了安静的个性，大部分时间都窝在房间里做作业、画画、做手工。周末，我带着她出去玩时，发现她不喜欢在外面活动，更不喜欢运动。稍微活动一下，她就开始气喘吁吁，身上出汗，而她讨厌这种黏糊糊的感觉，吵着要回家。看着她越来越"壮硕"的身躯，我意识到这样下去不行，她会变成"沙发土豆"（指什么事都不干，只会在沙发上看电视的人）吧！

不管怎么样，先动起来再说！

我喜欢走路，坚持每天一万步，不如先从走路开始！我邀请她陪着我一起走——"妈妈自己一个人走感觉很孤单，如果有个人陪着那就太好了！"萱萱是个乖孩子，听到我这么说，她很愿意来帮忙。虽然已经是小学生，但她仍旧有颗孩子心。我会边走边跟她捉迷藏，有时会模仿各种动物——学螃蟹横着走、兔子蹦着走、青蛙边跳边呱呱叫、企鹅摇摆，或像母鸡萝丝（绘本故事中的角色）一样去散步；有时就听她叽叽喳喳跟我说学校里的事情，总之，把走路变成一件轻松、愉快、好玩的事情。渐渐地，萱萱也爱上了走路。

后来，我又教她打羽毛球；给她报了游泳班，这项活动不会出汗；有时，我会带着一众小朋友在楼下疯跑，我当警察，孩子们当小偷，我的任务是拿到他们手中的勺子，但孩子们会将勺子传来传去不被我逮到，看着我被累得气喘吁吁，孩子们开心无比。

学校要进行50米跑测试。于是，我带着萱萱围着小区广场比赛跑步，一个跑另一个用秒表计时，我会假装身体很沉跑不动故意输给萱萱，她一看自己竟然比妈妈还厉害，就跑得更带劲了。有时，她还会试图超越自己，争取跑第二圈的用时少于第一圈。小广场一圈是200米，我会说："我觉得你顶多跑两圈就不行了。"萱萱鼻子一扭，"哼，轻松超过两圈"。我就在一旁作不可思议状："怎么可能呢？她竟然跑了两圈！啊，三圈！啊，四圈……"最后，女儿跑了五圈。

萱萱的跳绳动作总是不那么协调，她不会连续跳，只能跳一下再小跳一下，总体速度提不上去。在学校的体能测试中，她最快也就跳五十多个。一年级结束时的"学期总结性评价记录单"里，其他科目都是A，唯独体育得了B。

上进的萱萱决定开始苦练跳绳。有一次，在萱萱跳绳时，邻居家的小女孩凑过来说："咱们比赛吧！"萱萱不想比，因为她知道自己会输。我就让她俩轮着跳，合作跳够1000个。达到目标时，两个小女孩拥抱在一起，脸上露出了无比兴奋的光芒。体育竞赛能激发人的潜能，合作同样也能。

想小法把这些感觉不太好但又不得不做的事情变成游戏，让事情变得好玩又有趣，或者把完成这件事本身当作挑战，有助于拉近孩子与这些事情的距离；但如果孩子实在不愿做，让他们承担自己的行为后果，倒逼他们开始行动，也是不错的选择。以下锦囊会对此类事情有所帮助。

## 要求锦囊一：游戏式互动

如果只能推荐一种养育方法，我推荐游戏式互动。游戏是孩子的语言，游戏式互动的教育方法是每位父母都需要了解的。它打破了"我是个大人，我要教你道理"的生硬面孔，让亲子关系更加轻松自在。《游戏力》（*Playful Parenting*, Lawrence J.Cohen）这本书系统讲解了游戏式互动的使用方法，这里，我想先谈谈我对于游戏式互动的理解。

第一层面：把事情变成好玩的游戏。在前面的例子中，妈妈们把刷牙变成开火车，把洗头变成淋雨、灭火、大水冲了龙王庙，把走路变成捉迷藏、模仿动物等，都是把不那么好玩的过程变成好玩的游戏，孩子一般就会感兴趣。

第二层面：透过表面，看到孩子内心的真正需求，并予以满足。在洗头的例子中，孩子喊着"洗头咯！洗头咯！"妈妈却假装害怕洗头，大叫着跑开了，通过这样的过程，孩子刚才因为洗头而累积的不快得到释放，并且增强了他的掌控感，这让他更有勇气去战胜自己，愿意去挑战洗头这件事。

第三层面：游戏让大人变得"没有大人样"，把大人从神坛上拉下来，真正与孩子平起平坐。加加和妈妈分别扮演《鳄鱼怕怕，牙医怕怕》里的牙医（孩子）和鳄鱼（妈妈），让孩子说出"你一定不要忘了刷牙"；为了让孩子喜欢跑步，妈妈宁愿当那个被孩子戏弄累得气喘吁吁的"警察"——这些都是很好的表现。

有关这一点，游戏力在中国的推广者李岩也有过一段精彩的阐述：

> 我的童年是在军队大院度过的。小时候，我会下意识地把父亲的众多同事和战友分为两类，一类是自己喜欢的，另一类是害怕的。其实，那些我"害怕"的叔叔阿姨并没有做过任何伤害我

的事，可是每当父亲让我跟他们一起去食堂吃饭时，我都一百个不情愿。现在回想起来，无非就是因为他们都是"十足的大人"。相反，那些我喜欢的大人，都会时常"没有大人样"。

"偷袭大人"是当年我们所有小孩都热爱的游戏，当然我们也本能地知道，只能偷袭那些"没有大人样"的大人。有一位姓赵的叔叔，每次我们溜到他身后时，他都在抬头看天气，于是我们不重不轻地拍一下他的屁股，然后大笑着迅速跑开，他就会气得"暴跳如雷"。其实我们心里都清楚，赵叔叔是在假装生气，他喜欢跟我们玩。表面上，我们这些小孩子谁也不怕这位赵叔叔，有时我们甚至不叫他"叔叔"，而叫他"老赵"。

我相信，假如父母们成了孩子嘴里的"老赵""老李""老王"，亲子关系就进入了新境界。这样的父母也更愿意站在理解孩子的角度，去想出各种好玩、有趣的游戏，让那些平淡无奇的事情多一份吸引力。

## 要求锦囊二：后果教育

生活当中，并不是所有事情都能那么好玩、有趣，而且对于大一些的孩子来说，好玩、有趣可能不再是他们做事的第一需求，这时，适时地引入后果教育——让孩子承担自己行为的后果，也是不错的选择。

后果教育并不新鲜，父母们在日常生活中早就在自然而然地使用了：不吃就饿着，不穿就冻着，不收拾玩具就别怕玩具被不小心踩坏或者去失，做不完作业就等着接受老师的惩罚……让孩子体验自己行为的后果并且学会为此负责，可以让孩子更自然地开始去做那些自己不那么愿意做的事情，因为不做的"后果"在那摆着呢！比如，由于不爱运动，萱萱的学期综合评价记录单里只有体育得了B。

但是有时，孩子不做一件事情的后果并不明显，比如不刷牙并不会立刻长蛀牙，孩子无法即时体验到自己行为的后果。例子中的妈妈想出了一个好主意，牙坏了——修牙——花钱——从买零食的钱里出，妈妈就为不刷牙这件事建立了一个人为的相关后果，孩子就能直接体验到不刷牙的后果。

《0～8岁儿童纪律教育——给教师和家长的心理学建议》一书中提到了四种常见的后果。

**隔离**：比如将打人的孩子暂时与他人分开，让他无法感受与小伙伴一起玩的乐趣，直到他觉得自己能够举止适宜为止。

**剥夺**：如果孩子不能很好地使用某种东西，那就不允许孩子碰这种东西，直到他觉得自己能够举止适宜为止。

**补偿**：如果损坏、丢失了东西，就需要赔偿；如果不小心伤害了别人，就需要道歉，安慰对方；如果弄脏了环境，就需要清理干净……

**回报**：将孩子刚刚做过的事施加在这个孩子身上，但这不是报复，而是为了让孩子体验到自己的行为给别人带来了什么影响，从而学会"己所不欲，勿施于人"。

父母需要特别注意的是，后果教育要和惩罚相区分。许多父母在应用后果教育时，让它变了味：不好好吃饭就数落孩子一顿；不好好学习就揍一顿，让孩子长长记性。后果是直接与行为相关联的，而惩罚并非如此。

我们通过具体的例子来看自然后果、相关后果以及惩罚有什么区别：

> 静静和多多是一对龙凤胎，他们上幼儿园大班了。周末，他俩挤在床上看恐龙书，多多用笔戳了静静一下。

| 自然后果 | 静静"啊"地大叫一声，接着也戳了一下多多。 |
|---|---|
| 隔离 | 妈妈把多多叫到另外的房间，他不能再和静静一起看书了。 |
| 剥夺 | 妈妈把书拿走，对多多说："如果你不能安静地看书，书只好暂时离开你了，你什么时候准备好了，再来找我拿。" |
| 补偿 | 妈妈说："多多，你打扰并弄疼姐姐，赶紧给她吹一吹，并向她道个歉，然后安静地看书。" |
| 回报 | 妈妈也冷不丁地戳了多多一下，多多大叫起来："干吗？你弄疼我了。"妈妈说："哦，对不起！不过我看到你刚才似乎也这样戳到了姐姐。" |
| 惩罚 | 妈妈生气地训斥多多："你怎么回事？为什么不能好好看书？把书拿过来，没收！"拿到书后，还用书打了一下多多的手："记住了吗？下次不能戳姐姐。不然把你的手指头割掉。" |

自然后果是在没有外力的介入的情况下，随着孩子行为的发生而自然地随之而来的结果，受自然法则及社会法则的约束——静静被戳到了，自然地回戳了一下多多，多多同样感受到了疼痛，就了解了戳别人是不好的行为，下次就会懂得不能这样做。

相关后果是由父母额外施加的，直接与某个行为相关，目的是让孩子感受自己行为所产生的影响，并改变自己的错误行为，而且在实施过程中父母是不带愤怒情绪的。

**隔离**：妈妈把多多叫到了另外的房间，使他不能再和姐姐一起看书了。

如果多多还想和姐姐一起看书,他必须学会约束自己的行为。

**剥夺**:妈妈把书拿走了,但并不是没收,也允许孩子准备好后可以再次把书拿回去。

**补偿**:妈妈告诉多多他的行为产生了什么影响,并且应该如何做出补偿。

**回报**:妈妈也冷不丁地戳了多多一下,多多感受到了疼痛,妈妈跟他道了歉,为他做了补偿的示范,多多意识到自己的行为哪里不对,同时也知道了如何做出补偿。

惩罚也是为了改变孩子的错误行为,但孩子实际上感受到的是身体上或情绪上的痛苦,而没有感受到理解与支持,因而心理上会产生对抗和敌意,并不利于改正错误行为。案例中,妈妈先是生气地训斥多多,然后把书没收了,并且用书打了多多的手,还威胁多多,下次再这样做就把手指头割掉。整个过程中,多多都不知道自己用手戳了姐姐,给姐姐造成了什么影响。他只是感受到了妈妈的愤怒和敌意,可能还会觉得委屈和莫名其妙——"我不就是和姐姐闹着玩,妈妈至于发这么大火吗?她一点都不爱我,只疼爱姐姐。"

惩罚和相关后果之间有微妙的界限,父母需要仔细体味,谨慎选择。

后果教育可以帮助父母把属于孩子的责任还给孩子,激发孩子内在的主动性。因为后果教育尊重孩子的选择权,让孩子体验到真实活着的感觉,并且感受到充分的独立自主,有助于孩子把父母的要求变成自我要求,是非常有力的教育工具。但这里需要提醒的是,后果教育对于四岁半之后的孩子应用效果会更好,因为四岁半以前的孩子缺乏逻辑思维能力,很难将自己的行为和后果建立联系,尤其是那种用语言讲述的后果,孩子会听得一头雾水——对于他们来说,游戏式互动的威力更大。

# 迈不出第一步

### 不愿自己穿衣服

汤圆上一年级了。7:00闹钟响了,汤圆醒了,她把闹钟关掉继续睡。7:10妈妈过来喊:"快点起床了,要不迟到了!"顺手把昨天晚上准备好的衣服扔给汤圆,可是汤圆赖在床上说:"你帮我穿!"这已经不是第一次这样了,汤圆都这么大了,怎么还总是让妈妈帮忙穿衣服?妈妈仔细分析了一下,发现最近孩子睡得比较晚,可能是没有睡醒。没睡醒自然不想动。看来需要来一剂清醒剂!妈妈灵机一动:"今天开启加速模式。"说完开始非常迅速地给汤圆穿衣服,一边穿一边喊:"加速器加速器加速器,加速器快得要飞起来了!"汤圆被妈妈的疯狂举动逗笑了,来了精神,开始疯笑,胳膊乱动不配合,妈妈接着说:"糟啦糟啦,加速器进入神经模式,即将断电即将断电!"汤圆果真身子一软躺了下去。然后妈妈继续开启抢救模式,给她做"心脏复苏",她又"醒"过来,俩人紧紧拥抱……继续开始"加速器",起床、洗脸、吃饭一共只用了20分钟,就收拾妥当出门了。

## 不想开始写作业

周末的上午,四年级的多多躺在床上,懒洋洋的,一副无所事事的样子。妈妈看见了,催他:"快点去学习吧!还有一大堆作业等着你呢!赶紧做完了咱们出去逛逛。""哦。"多多嘴上答应着,可是身子并没有动。忙碌了一周,到周末放松下来,好像很难再提起精神来。妈妈看着多多的那副懒样,跟他说:"好像你的床有点舍不得离开你。这样吧,我给你定时5分钟,你躺在床上不准动,脑子里先想一下,一会儿做作业时要先从哪里开始写。闹钟响了后就立即起来写。"多多觉得这个方法挺有趣,决定试一试。他笔直地躺着,想好了一会儿起床先读英语课文,再做语文试卷,最后做数学。可是,一动不动好难受,好不容易挨到闹钟响,他一骨碌爬起来开始写作业。

这种想开始行动但总是行动不起来的现象就是俗话说的"万事开头难",在心理学上叫作"始动调节",就是人们从事某项活动,通常在开始时工作效率较低,经过适应过程后才能逐渐提高。这是因为机体的细胞和组织具有"惰性",需要用一定时间来克服这一弱点,并加以调整,而且神经系统对其他器官、系统的调节也需要一定时间。

每一段旅程,无论多远,都始于一小步,但必须迈出这一步。一旦开始,每一步都更接近目标。针对这种情况,需要特殊的锦囊。

## 要求锦囊一:开心疗法

相信大家都有这种体会:心情好的时候,感觉自己无所不能,有特别多想做的事情，也会很容易开始做一件事情。孩子更是如此。想办法让孩子开心起来，对于始动调节有极佳的效果。

不愿自己穿衣服的汤圆因为没有睡醒，迷迷糊糊，肯定会有"起床气"，所以妈妈用"开启加速器"的疯狂模式把汤圆逗笑了，一笑解千愁，孩子起床穿衣也不再觉得困难了。

## 要求锦囊二：5分钟倒计时改变法

比如针对总是不开始写作业的情景，不给孩子多余的思考或者讨价还价的空间，立马设置5分钟倒计时，然后对孩子说，"从现在开始，做5分钟作业"。倒计时的闹钟一响，就可以结束做作业。

很多时候，孩子不开始一项活动，是因为有畏难情绪。越是艰难，就越不愿意开始。而使用5分钟倒计时改变法，大脑会被激励——"再难也就5分钟嘛！"于是孩子就行动起来了。5分钟后呢？孩子会发现，5分钟可以做不少作业呢，也没看上去那么难，不如再接再厉，再来个5分钟？通常这样的小胜利会让孩子振奋情绪，把作业继续做下去。当然，在使用这个方法时要注意：立即行动，不要思考。思考太多就又会陷入拖延当中。把作业分成几个具体的小目标，一开始先做简单的部分，让孩子感受到成就感，这样他就比较容易继续下去。

这种做法背后是有生理基础的。人类大脑中负责兴奋的部位之一是伏隔核，想要伏隔核兴奋的方法是行动。也就是说，懒着不想动，不能等着想动了再开始，而是要先开始行动，让伏隔核兴奋起来，从而引发行动下去的愿望。

## 要求锦囊三：什么都不能做

拖着不开始是吗？那就什么也不做，就这么坐在椅子上，任何事情都不要做——不要说话、不要看电视、不要玩玩具，什么都不要做，就一个人静静地坐在那里，大约5分钟。孩子在这5分钟里，也许就会想到从哪里开始的灵感。这可谓"以毒攻毒"，之所以有效，是因为在什么都不做的5分钟时间内，孩子充分意识到了干坐着真是无聊又痛苦，比起这些无所事事的无聊和痛苦，完成作业似乎变得有趣起来，于是就能即刻产生行动力。例子中的多多妈妈就采用了这种方法，孩子一动不动很难受，到时间之后反而就一骨碌爬起来了。

还有一种特殊的"始动调节"，是在面对困难时，人们趋利避害的本能会让人想退缩，不想去面对。我的一个学员跟我分享了她是怎么教孩子勇敢面对困难的。

### 挑战困难：捉虫子

"妈妈，这个吃青菜的虫子被我捉出来了。"

"妈妈，这首曲子的虫子捉出来了。"

"妈妈，跳绳的虫子也捉出来了。"

捷报连连。

你可能看得稀里糊涂，"捉虫子"是怎么回事？这是我和女儿硕硕的任务暗号，代指突破那些让她感觉很困难的事情。

我早就发现，硕硕在遇到困难时会感觉十分沮丧，百爪挠心一样难受，我共情她："总是做不好，你感觉很沮丧，很挫败。"她点点头。我接着说："那种感觉就像是虫子在咬你的心。所以，你需要把这个虫子捉出来。""原来是这样啊！可是怎么捉呢？""感觉哪个地方做不好，就针对哪里着重下功夫，做好了，虫子也就捉出来了。如果你总是逃来逃去，虫子就会一直在你的心里爬来爬去，让你越来越害怕那些事情。"

硕硕听懂了，表示以后不再逃跑，要把虫子捉出来。

我们一起合作，把她害怕的一些事情按照从简单到难的顺序列了十条，先从最简单的开始挑战，她一项一项地"捉虫子"，捉出来一个划掉一个，慢慢地，她变得越来越勇敢，十条全部划完后又列了十条，就这样，捉虫子成了她的一种乐趣。而她也变得越来越开朗，愿意面对困难、挑战困难，而不是遇到困难就往后退。

## 要求锦囊四：困难可视化

面对困难，本能地逃避是一种下意识行为，有时，这个过程没有被意识到，就直接被略过了，孩子只是表现出"我不想做"。而让困难可视化，可以让人直面困难，相当于有了具体的"靶子"，孩子会更有目标感。例子中的硕硕妈妈把克服困难比喻成"捉虫子"，非常形象，孩子就有动力去做了。

还有一些说法也能激发孩子的兴趣。

**突破瓶颈**：有时，孩子练习某项技能时，容易在一个点上卡住，怎么也突破不了。这时，不妨找一个瓶子来，让孩子看看什么是"瓶颈"，通过瓶颈的原理让孩子明白为什么长时间没有进步，然后带着孩子一起去突破这个瓶颈。

**打败大怪兽**：把困难当成怪兽，并且把不同难度的困难命名为不同层级的怪兽。如果孩子爱玩植物大战僵尸游戏，那就可以用不同层级的僵尸命名——徒手僵尸、帽子僵尸、铁桶僵尸、歌舞僵尸……以及终极大怪物。孩子每挑战成功一个项目，就等于打败了这个僵尸，孩子一定会十分乐意去挑战！

**丛林计划**：我主张育儿实行项目制，就是在某段时间专注于某个项目，重点去突破。比如，孩子阅读不好，可以设定3个月的时间，重点突破阅读。和孩子一起商量一个可行的阅读计划，比如每天阅读半个小时、三个月完成20本书等，最重要的是，要为这个计划起一个响亮的名字——猫头鹰阅读丛林计划、阅读小博士养成计划等，都有助于孩子向困难发起挑战。

## 要求锦囊五：勇气可视化

虽然决心去挑战，可是面对具体的困难时，愿意迎难而上还是需要勇气的。有勇气并不是不害怕，而是明明害怕，还敢于去挑战。

**勇气测量计**：在挑战前，想象身体里有个勇气测量计，有助于帮助孩子了解自己的勇气状态。如果满分是10分，现在的勇气有多少？由孩子自己来说。在挑战的过程中，也可以随时检查勇气的存量。如果存量不足，那就需要去勇气加油站来加满勇气。

**勇气加油站**：可以假装妈妈是一个勇气加油站，孩子把手放到妈妈的身上，就会得到勇气；也可以假装大地是勇气加油站，孩子双脚站在地上，闭目养神一会儿，就会加满勇气；也可以找一块"能量石"，只要摸着它，就会加满勇气。由孩子来决定勇气加油站的形式。

有了可视化的目标，有了足够的勇气，孩子往往就会迫不及待地开始一项挑战了。而父母的工作就只是做好"后勤"，随时提供"补给"。

# "我有我的世界,非诚勿扰"

### 我还没玩够

6岁的芒果正和小伙伴们在楼下骑自行车,你追我赶玩得正欢,这时妈妈出来喊:"芒果吃饭啦!"芒果说:"不要,我还没玩够呢!""那就再玩五分钟!""好的。"芒果嘴上答应着,可是压根没有收车的准备,依旧玩得很投入。5分钟到了,妈妈再催,"到点了,吃饭啦!"芒果还是说没玩够,妈妈过来催:"快点啦,一会儿还得去上舞蹈课!"边说边要强行收车,芒果这时正好要开始下一场比赛,妈妈的举动把她激怒了:"不要!不要!我还没玩够!"她一屁股坐地上大哭起来。

### 怎么才能让孩子放下手机去学习

一位朋友见面就跟我抱怨,她和孩子因为学习的事情弄得鸡飞狗跳。我问她怎么回事。她说:"晨晨放暑假了,我们一起商量好了暑假计划,可是他从来都不自觉执行,拿起手机一玩就是大半天,气得我不行。我催他,他就喊着'马上马上',可是身子从来就不动弹。非得我朝他大吼,然后把手机没收,他才气呼呼地坐到桌子旁。"我说她:"人家过暑假嘛,还不让人放松放松。""哎，天不怕，地不怕，最怕学霸过暑假。都说暑假是弯道超车的好时机，他平常不怎么努力，我想着暑假给他好好补补课呢，结果成天整这一套，快把我气死了。"我理解她的焦虑，于是给她支招："你要是想让他尽快放下手机，那就不妨陪着他看一小会儿。娘俩先从讨论游戏开始，再自然过渡到讨论作业。游戏就是你和儿子的'USB 接口'，你得先链接上，才能更好地把你这个'硬盘'中的资料传输到他这台'电脑'中。"朋友回去照做了。她先走到孩子面前，陪着孩子刷了一会儿抖音，看到好玩的视频，娘俩一起笑哈哈。然后，妈妈笑着说："太好玩了。呀！时间不早了，咱们得开始学习咯。"孩子似乎也不太抗拒学习这件事了，一边继续笑一边拿出了书。

### 智慧的妈妈帮孩子戒游戏

初一刚结束的那个暑假，杨洋迷上了游戏。班里的孩子都在玩王者荣耀，杨洋本来是不玩的，可是禁不住同学每天都在聊，他感觉自己再不玩就要被同学们排除圈外了，于是，从同学那里花 100 块钱买了一个二手手机。他不敢告诉妈妈，整天把手机放在书包里带去培训班。有一天，杨洋的妈妈无意间发现了这个手机，但她没有直接暴跳如雷地批评孩子，而是积极地思考应对办法。她上网去搜怎么帮孩子戒游戏，发现了一个平台，通过它，家长可以知道孩子什么时候在玩游戏，玩了多长时间游戏。一周过去了，妈妈发现，杨洋并没有玩多长时间。

周末，杨洋要求去吃牛排，妈妈爽快地答应。吃完牛排，俩人闲聊时，妈妈说："拿出来吧。""什么？""手机啊。"

杨洋一愣，"你怎么知道的？"

妈妈就告诉杨洋，自己是无意间发现的。并且说："我知道你不是真的迷恋游戏，而是别人玩所以你好奇。咱们是开放家庭，如果你想玩，那就告诉我，我不是不让你玩。"于是，她跟孩子约定，平日好好学习，周末每天可以玩一个小时。并且她告诉孩子，玩游戏时间长了，游戏会被"封住"，自己有一个对游戏特别懂的朋友，杨洋玩的时候，告诉她就行，她来请那个叔叔帮忙"解封"（其实是她自己来解封）。于是，杨洋非常自豪地跟同学说："我妈让我玩游戏。"

转眼到了寒假，春节期间，一连三天，妈妈完全放开了游戏限制。她想：一次性玩个够，"撑死"他！结果没想到，杨洋想玩游戏的心还是一直有。

后来，杨洋妈妈又通过学习了解到，运动是戒除游戏的良药。于是，初二结束的暑假，妈妈改变了策略，开始以减肥为由，带孩子去运动。她给孩子找了个玩伴，每天早上六点到八点打两个小时球。有时那个孩子不来，她就亲自上阵陪孩子打。娘俩互相监督，每天跳绳1000个。孩子每天运动、学习，没有时间玩游戏了，一个暑假减了20斤，他对运动的兴趣更浓了。同学们再聊游戏，他就说："我妈让我玩，我早玩够了！"

如果把孩子正在做的事称为A，父母要求孩子做的事称为B，明明孩子做完A是可以进行B的，但是如果父母粗暴地制止孩子做A，强硬地向孩子提要求，孩子就会觉得自己不被尊重，从而不愿配合去做B。要想顺利实现过渡，父母需要下面这几个锦囊。

### 要求锦囊一：体验完成感

心理学家蔡格尼克（Zeigarnik）做过一个心理实验：在白纸上画一个不闭环的圆，接下来你最想做的事情是什么？是不是想用笔把这个圆给画闭合？这种想要完成未完成之事，想要闭环和圆满，想要好奇的问题得到解答的强烈诉求，被称为"蔡格尼克效应"。

对于孩子来说，如果正在做的事情被打断了，会体验到强烈的不舒服。不仅孩子，大人也经常有这种感觉——刷剧不全刷完，内心就总惦记着它；拿起一本书不读完，就总觉得有事没完成；内心升起一个想法，如果得不到执行就觉得受挫。既然是人之常情，我们就要尊重孩子内心这种对于"完成感"的需要，尽量给予满足。

比如跟孩子约定看动画片的时间，不要要求孩子时间到了就立即关掉，而是要求孩子看完正在看的这集再关比较符合实际。

比如要给孩子提出做事的新要求，可以先询问一下孩子，要完成手头的事情需要多长时间——如果时间不是很长，那就等待他完成了再说；如果需要较长时间，那就尝试将事情分节分段，先完成某一小段，体验到完成感即可。

芒果的妈妈因为上舞蹈课的时间到了而强行收车，这让孩子体验到强烈的未完成感，造成芒果长时间的哭闹，她再去哄，在时间上就有些得不偿失了。她如果能稍微再多等待一会儿，让孩子比完那一局，尤其是让孩子赢一局之后，再要求孩子离开，孩子通常就会高高兴兴地配合。

### 要求锦囊二：先认同，再引导

对于孩子正在做的事情，父母不要否认，而是要先认同，再引导。看孩子正在玩游戏，可以走上前去："哟，玩什么呢？我瞧瞧。"还可以尝试玩上两把，"嗯，果然很有趣呢！等会儿再玩，现在我们需要先去……"顺利实现自然过渡。

这种感觉就好像是去店里买衣服，店员如果说"你看你身上穿的都是什么衣服，你再看看我家的，穿上效果大不一样"，顾客多半会讪讪地离开。但是如果店员说"你穿衣服的品味真好，看，我家这款衣服和你的气质非常搭配"，顾客也许就会饶有兴趣地拿过来穿上试试看，然后认同地说"果然不错，我买了"。

对于大多数孩子来说，先认同，会让孩子充分感受到父母的接纳，再引导，孩子也会更愿意配合。正如案例中所讲，孩子正在做的事情就是父母和孩子连接的"USB接口"，得先连接上，才能更好地把父母的东西传输给孩子。这个"USB接口"看似不大，却是限制性的关键因素，如果没有它，父母再多努力也都只是徒劳。

杨洋的例子中，妈妈先让他痛快地玩，然后再带他去运动，孩子才没有逆反之心，如果孩子想玩游戏却一直得不到满足，也不会接受妈妈的运动邀请。

有些孩子因为这样那样的原因，变得兴趣非常单一，只喜欢某种活动，对于其他活动似乎不那么感兴趣，因此，要想要求这样的孩子参与其他活动，难度就比较大。

在我的另外一本书《幼儿成长揭秘——常见问题分析与家园共育策略》中，曾写过一个叫迪迪的4岁男孩，他不喜欢体育运动，不喜欢画画，也不喜欢做手工，除了读绘本故事外，很少有活动能吸引他的注意力。但他对绘本的兴趣非常大，每当老师讲绘本故事时，他都会一动不动地坐在那里听。只要老师一讲完，他就会迅速跑掉。之所以这样，是因为迪迪从小跟着奶奶在老家长大，奶奶腿脚不便，就经常在家给他讲故事，很少带他出门。后来父母将他接回身边后，发现他特别喜欢读绘本，对其他兴趣不强，就依从了他的爱好，花大量时间给他读绘本，以致孩子的兴趣只集中在听故事上。

我们目前的教育制度中，幼儿园以综合活动为主，上学之后会有分科课程，大学、研究生阶段的研究领域才越来越精专。由此可见，对于越小的孩子来说，越需要平衡发展。孩子小的时候经常干什么，长大之后就比较擅长做什么，这时再让他接触小时候从未接触过的东西，他可能就会比较排斥。因此，父母要在孩子小的时候，尽量带他尝试各种活动，丰富生活体验，以增长见识，拓宽视野，这有助于增强孩子的灵活性，在活动之间切换的时候也相对容易。那些精力过早集中于某种活动的孩子，性格可能会比较偏执，别人很难说服他，很难将他从他的世界里拉出来。

## 我不玩游戏，还能干什么？

我有一位来访者，她的职业是裁缝，为了照顾孩子方便，大部分时间在家里工作。丈夫是货车司机，常年在外跑车不在家。她在家一心一意照顾儿子大东，高考时，大东考了600多分，可是大东坚决不报志愿，没办法，她替儿子填了志愿，进了南昌的一所军校。可是因为这个学校管理很严，大东不干了，非得退学回家，抱怨妈妈给他报的志愿不好。她拗不过儿子，只好让他回来复读，准备明年让他自己报志愿选择他想上的学校。

到了复读的学校，大东上了一段时间又不想去了。他说他一个同学都不认识，而且同学都笑话他，说他鼻子又大又丑，他回来非得要求做一个鼻子整形手术。妈妈一开始不同意，但是大东整天嚷嚷，喊着鼻子不得劲，里面有东西，后来，她又拗不过孩子，还是给大东做了鼻子整形手术。

可是，做了手术，孩子依旧找各种理由请假回家打游戏。每当妈妈要求他不要玩游戏时，儿子就会说："我不玩游戏，还能干什么？"

她实在没办法了，来找我咨询。经过交流，我发现孩子的爸爸几乎没有参与过孩子的教育，就连报志愿这样重大的事情都没有让爸爸知道。因为爸爸脾气特别暴，这位妈妈担心他知道孩子的情况后回家会爆炸，所以有什么事一直瞒着爸爸。

"我不玩游戏，还能干什么？"这是很多沉迷于电子游戏的孩子经常说的话。经过多年的研究，我发现兴趣广泛的孩子不容易游戏上瘾。因为他们可以从多种活动中找到乐趣，反而不容易沉迷在电子游戏中。所以，孩子沉迷于游戏，父母是要负很大责任的——有可能是孩子小的时候，父母没有为他提供多种选择，让他变得兴趣广泛；有可能是父母的管教不力，没有将规则和要求贯彻到底；有可能是夫妻关系不和，经常吵架，使家庭氛围不好，又对孩子疏于管教……总之，它就像一个症状，反映出家庭在某个方面生病了。

在大东的家庭中，爸爸缺位，妈妈负责照顾大东，但没能很好地引导孩子热爱生活，让他对生活充满积极的兴趣，同时学会分析问题、解决问题，因此大东一遇到问题就想逃避退缩。

下面的几个锦囊会有帮助。

## 要求锦囊三：爸爸的带领

在孩子小的时候，妈妈多多参与孩子的教养是必要的，而到初中以上，妈妈的能量是不够的。青春期的孩子开始叛逆。如果从小就是妈妈在养育孩子，那么孩子反叛的对象往往就是妈妈。许多妈妈的感受是：说什么孩子都不听了，油盐不进。这时，就需要爸爸参与进来，爸爸和妈妈联合起来共同去要求孩子，效果会比较好。父母两人的力量更大，在一些重要的事情上，爸爸妈妈一起出面，配合着跟孩子谈，更容易引起孩子的重视。在我家，孩子初中以前我管得比较多，初中以后，他爸爸参与较多。一般重要的事情都是三个人一起开家庭会议，商量具体怎么办。

儿子小时候偷拿了奶奶的钱，我和他爸爸把他叫到单独的房间里，进行严肃的谈话，详细分析这种行为的性质，告诫他以后要买什么直接说出来，只要合适我们会满足，但不可以偷拿钱，这种阵仗让孩子感觉到问题的严重性，从那以后，他也没再出现过类似的情况。

爸爸的参与还可以弥补妈妈的不足。我曾经做过高考夏令营的项目，夏令营里有个孩子想考上海体育学院，但以他当时的成绩差距很大。他从小一直是由妈妈照顾，爸爸参与比较少，但到了高中以后，娘俩冲突频发，妈妈感觉有心无力。后来，我们一起商定了一个详细的计划，我们负责指导孩子的学习，体育方面的训练由爸爸负责，妈妈负责做好后勤保障。自从爸爸参与进来后，孩子变得非常听话，到时间就跟着爸爸去训练，父子俩像哥们一样，后来，他顺利地进入了上海体育学院。

## 要求锦囊四：培养广泛的兴趣

许多沉迷于电子游戏的孩子，会无奈地对父母说："不玩游戏我还能干吗？"这真是一件很悲哀的事情。世界上有这么多好玩、有趣的事情，他都视而不见。

我儿子也喜欢打游戏，但不会上瘾，因为他兴趣广泛。他喜欢运动，每天都会去健身；喜欢与人交往，经常约朋友出去吃饭聊天；他也喜欢做家务，会不定期研究新菜谱，把自己的胃照顾得好好的……这些事情都是在他小的时候我经常带他做的。每天我都会带他运动，有时是跑步，周末一般会出去远足，有时我还会在楼下带着一帮孩子玩；家里的小伙伴从来都不断，我会买很多零食、玩具吸引小朋友来我家玩；我也会带着儿子做家务，他边择菜边和我聊天，包饺子时，他擀皮我来包；我们一起研究奥数，一起朗读，一起做实验……

经过多年的研究，我发现，如果孩子不能在父母的带领下体验到生活的多种乐趣和成就感，就特别容易兴趣单一、网络成瘾。所以，我一直强调，在孩子小的时候，一定要带着他尝试多种活动，给孩子提供多种选择，让孩子兴趣广泛。当孩子可以在多种活动中找到自己的乐趣时，就不容易沉迷在电子游戏中了。

## 要求锦囊五：饥饿营销

有时，孩子沉浸在自己的世界中，看不到新的选择，他们也没有想要尝试新选择的欲望。这时，父母要学会为新选择"造势"，正如某些营销广告所做的那样。

**激发好奇心**：研究者发现，人们对他们认为自己已经知道的答案最不好奇，但对自己完全不知道的问题也不感兴趣。只有当人们能猜到答案却又不太确定的时候，他们的好奇程度才会达到顶峰。这给我们什么启示？遇到问题时，我们不要立即把答案给孩子，而是要陪着孩子一起探索，让问题引导孩子的行动，好奇心就能自然地发挥作用。

"吊胃口"：比如，你想让孩子爱上阅读，就可以试着向孩子描绘阅读的各种乐趣，自己经常捧着一本书读得津津有味，还要哈哈大笑，让孩子感觉这件事非常有趣，但是不允许孩子接触书，即便接触，也是蜻蜓点水，限时限量，感觉这件事非常隆重，又非常珍贵。孩子的胃口慢慢就会被吊起来，好奇心也会随之升起，兴趣自然就来了。就像吃饭一样，让孩子讨厌吃某种东西最快的方法就是逼着他吃，给他定量，吃不完不行。而如果爸爸妈妈对着一盘子美食吃得津津有味，孩子想尝尝，就给他一点点，还想吃就得再要，父母表现得非常舍不得，孩子一定会对这种食物充满好感。物以稀为贵，这是亘古不变的真理。

## 回顾与思考

### 重点回顾

孩子有能力做到，但是没意愿去做的事情，大概有以下几种类型，父母可以针对不同的类型去换种方式要求孩子。

※ "我就是不喜欢"

孩子对一件事的体验不好，比如刷牙、洗头、吃青菜、运动等。

**要求锦囊一：游戏式互动**

包括三个层面——把事情变成好玩的游戏；透过表面，看到孩子内心的真正需求，并予以满足；变得"没有大人样"，真正与孩子平起平坐。

**要求锦囊二：后果教育**

让孩子承担自己行为的后果。家长要注意区分自然后果、相关后果和惩罚。常见的四种相关后果如下。

隔离：比如将打人的孩子暂时与对方分开，要求他去做其他事，直到他觉得自己能够举止适宜为止。

剥夺：如果孩子不能适宜地使用某种东西，那就不允许孩子碰它，直到他觉得自己能够举止适宜为止。

补偿：如果损坏、丢失了物件，就需要赔偿；如果不小心伤害了别人，就需要道歉，安慰对方；如果弄脏了环境，就需要清理干净……

回报：将孩子刚刚做过的事施加在他身上，但这不是报复，而是为了让孩子体验到自己的行为给别人带来了什么影响，从而学会"己所不欲，勿施于人"。

## ※ 迈不出第一步

千里之行始于足下,做好"始动调节"。

### 要求锦囊一:开心疗法

想办法让孩子开心起来,会让开始做一件事情变得不那么困难。

### 要求锦囊二:5分钟倒计时改变法

不给多余的思考或者讨价还价的空间,立马设置5分钟倒计时,立即开始行动,倒计时闹钟一响,就可以结束。

### 要求锦囊三:什么都不能做

坐在椅子上,任何事情都不要做——不要说话、不要看电视、不要玩玩具,什么都不要做,就一个人静静地坐在那里,大约5分钟。

### 要求锦囊四:困难可视化

可以让人直视困难,相当于有了一个具体的"靶子",孩子会更有目标感。比如突破瓶颈、打败大怪兽、丛林计划等。

### 要求锦囊五:勇气可视化

勇气是克服困难的必要保障。将勇气可视化,有助于孩子自我调节,比如勇气测量计、勇气加油站。

## ※ "我有我的世界,非诚勿扰"

孩子正在做A,你想让孩子放下A去做B,需要以下锦囊。

### 要求锦囊一:体验完成感

尊重孩子内心对于"完成感"的需要,尽量给予满足。

**要求锦囊二：先认同，再引导**

孩子正在做的事情就是父母和孩子连接的"USB接口"，得先连接上，才能更好地把父母的东西传输给孩子。

**要求锦囊三：爸爸的带领**

父母共同要求，力量更大，而且爸爸可以弥补妈妈的不足。

**要求锦囊四：培养广泛的兴趣**

在孩子小的时候，一定要带他尝试多种活动，给孩子提供多种选择，让孩子兴趣广泛。

**要求锦囊五：饥饿营销**

学会激发孩子的好奇心，吊孩子的胃口。

请就某天发生的事情，思考孩子明明会做但是不配合的原因是什么，并尝试采用锦囊中的策略去要求孩子，记录效果如何。

# 第5章
# 不是不配合，而是孩子真的做不到

许多时候，不是孩子不配合，而是孩子的能力达不到——可能是心理能量不足，可能是没养成好习惯，可能是管不住自己，也可能是身体和思维暂未发育成熟。这时，我们需要接纳与等待，并在适当的时候轻推一把。有了心理和能力上的支持，孩子就愿意积极听取要求并行动。

> 妈妈,看!我管住自己啦!
> 
> ——一位4岁的孩子

# "我的心理能量不足"

### 我不敢独自去别的房间

5岁的毛头胆子特别小，一到晚上就黏在妈妈身边，哪儿也不敢去。有时，上了床他又突然想喝水或者上厕所，妈妈让他自己去，他是绝对不敢的。他会低声咕哝着说："我害怕！"妈妈只好陪他去。可有时妈妈累了不想陪他去接水，想着逼他一次是不是就能行了："你都5岁了，我给你打开卧室的灯，你自己去试试看？如果不敢的话，那就别喝水了。"可毛头索性就真的不喝了。妈妈担心他渴，没办法，只好又起来给他倒水。

"帮他倒水，无法锻炼他的独立能力，也不利于他的成长；硬逼他，反而弄巧成拙，还有更好的方法吗？"毛头妈妈向我提出了这个问题。我对她说："孩子晚上不敢独自去别的房间，说明他缺乏做这件事的心理能量。硬逼，无法让他充满能量，相反还会让他感觉妈妈好狠心。帮他做，只是纵容了孩子，无法让他得到成长。我们可以通过游戏的方式轻推他。比如，你可以在卧室放一根长长的绳子，让孩子牵着绳子的一头去另外的房间；也可以数十个数，看孩子能不能在十个数之内回来；还可以把去另外的房间当成执行秘密任务，看他是否有勇气完成。"

毛头妈妈听后，回去试了试，毛头最喜欢"秘密任务"这个游戏，觉得很酷很刺激，他的秘密任务是趁巫婆不注意，偷走他的魔法药水。但是，妈妈要一直数数，用声音陪着他。只见他快速蹿下床，以迅雷不及掩耳之势把水杯"偷"了回来，妈妈夸他："真勇敢，简直神速，巫婆一点都没有发现呢！"毛头很得意。去卫生间尿尿的秘密任务是趁巫婆不注意，尿到她的水杯里。毛头听了这个主意笑翻了，偷笑着去执行任务，回来还是一直在偷笑。妈妈又在旁边添油加醋："巫婆要喝水了，一边喝一边说'这水的味道怎么怪怪的？好奇怪！'"说完娘俩一起笑翻在床，关键是，毛头能独自去喝水和上卫生间了。

### 说不出口的"我要一个孙悟空"

3岁的畅畅和姑姑在广场上玩，看到一个老爷爷在卖西游记人物的小糖人，孙悟空、猪八戒……捏得栩栩如生，姑姑能看出来畅畅很想要。姑姑想，畅畅平时不主动表达，正好趁这个机会锻炼一下。她跟畅畅说："畅畅，想不想要孙悟空呀？你过去跟爷爷说'爷爷好，我买一个孙悟空'。"说着，姑姑用鼓励的眼神看着畅畅，见畅畅胆怯地待在原地，用既害怕又渴望的眼神看着自己，于是姑姑用轻松的语气对畅畅说："没关系的，这个爷爷可喜欢你了，你过去跟爷爷说'爷爷好，我买一个孙悟空'。"姑姑故意放慢了自己的语速，又给畅畅示范了一遍。

畅畅向前迈了一步又赶紧退回到姑姑旁边，小手推着姑姑，想让姑姑帮他去说。姑姑说："是畅畅想要孙悟空哦，姑姑今天不想要，如果畅畅想要的话，要自己去说才行。"

姑姑见畅畅依然没有鼓足勇气，为了减轻他的心理压力，姑姑说："你不说的话，我们去别的地方玩吧。"于是拉着畅畅去荡秋千了。畅畅玩了一会儿秋千，跑到湖边看了会儿小鸭子，走着走着，姑姑又把畅畅带到了老爷爷的糖果摊，趁机说："畅畅你看，老爷爷还在呢，他肯定知道畅畅想要孙悟空，所以专门等着畅畅呢，你过去跟爷爷说'爷爷好，我买一个孙悟空'。"

见畅畅还是不敢，姑姑又降低了难度要求，说："没关系，畅畅，姑姑带你走到爷爷的旁边，你再说好不好？"可即使这样，畅畅也没有踏出那一步。

### 张不开口的英文打卡

齐齐上二年级了，为了让他提前适应英语学习，妈妈给他报了个英语自然拼读班。齐齐在课上的学习倒还可以，外教的教学风格轻松愉快。可是，老师要求每日都要进行拼读录像打卡，方便纠正发音，这可愁坏了齐齐。如果不开录像自己说还可以，一旦开了录像，他就说不出口了。

妈妈琢磨了许久，猜测齐齐可能是因为面对镜头时会有紧张感。于是想了个办法：把手机放在架子上，娘俩一块录。让齐齐来当小老师，教妈妈读，这下齐齐来劲了。结果，妈妈读得"一塌糊涂"，怎么纠正都"读不准"，齐齐又气又急，自信心爆棚，让他再录时，紧张感全无。

心理能量是可以扩容的。

记得我第一次自己包饺子，从和面到调馅，到包好，再到煮出来，总共花了5个小时。虽然调的馅有点咸，包的饺子也不那么精致，但我依旧吃得津津有味。对我来说，这是一个极大的挑战。可是，自从经历了那一次，我在做饭方面的心理能量就提高了很多——包饺子这么大的事我都可以独立完成了，炒个菜那根本不在话下。

我之前也不太喜欢走路，感觉走路很费劲。可是有一次，我被朋友拽着，跟"驴友"们一起爬上泰山，爬了整整七个小时，我感觉自己对于走路的心理能量也提高了。

父母要看到孩子退缩背后的原因，耐心地陪伴他们，等待他们积蓄了足够多的能量，就能按父母的要求去做了。

以下锦囊会有帮助。

## 要求锦囊一：接纳与等待

一年级时，有次校长让我在全校师生面前发言。那时我实在是太小了，站在台上的我一下子面对那么多人，大脑一片空白，一句话也说不出来，只好灰溜溜地下来了。事后我大姐取笑我"发了个哑巴言！"是呢，小小的我没有能量去做这件事。现在面对几千人讲课都不再打怵的我，很想抱抱那个小小的自己，跟她说："没关系，你还小。"

也正因为有过这样的体验，让我能对小孩子内心的那种害怕感同身受。有的父母特别纠结于孩子不爱叫人，或者不敢做一些看上去很简单的事情，给孩子扣上胆小或没礼貌的帽子。其实，那就是孩子的心理能量还不足以让他表现得像成人一样。

我有一个朋友，她家孩子就不爱叫人，孩子已经四五年级了，每次她都跟孩子强调见了爷爷奶奶要问好,可他就是不叫,为此她挺发愁。我跟她说:"不要逼孩子,越逼孩子越紧张。出门前,告诉孩子,今天可能会见到谁,到时我会告诉你怎么称呼。如果你打招呼,这叫礼貌。实在不想叫,也没事。"当她不再强迫孩子叫人,而是尊重孩子的节奏时,孩子反而能说出口了。

对羞怯的孩子来说,叫人真不是一件简单的事情。与人交流是需要心理能量的,眼睛要盯着对方,准确地分辨出应该叫什么,还得声音洪亮,态度自然。而羞怯的人与他人在一起的时候会表现得紧张、胆小、缺乏自信,并且因此倾向于逃避,尤其在陌生人面前,会行为拘谨,容易焦虑、脸红和退缩,不喜欢和别人打招呼,甚至在别人主动问好的情况下无动于衷或简单应付。羞怯是一种非常普遍的现象,在卡根教授的一份调查中,他发现大约有15%的孩子存在羞怯倾向。父母要理解羞怯孩子的困难,而不是简单地逼迫孩子表现得开朗。比如案例中的畅畅,虽然很想要一个孙悟空糖人,但羞怯阻止了他。

接纳孩子暂时做不到一些事的现状,等待孩子做好准备,允许孩子慢慢积攒起勇气,他才可能主动行动起来。

## 要求锦囊二:轻推

当然,如果仅仅是一味地等待,孩子可能会一直停留在自己的舒适区当中不愿前进。所以,劳伦斯·科恩在《游戏力Ⅱ》一书中指出:有时候孩子需要的不仅仅是接纳和等待,他还需要我们主动伸出援手。父母要试着去"轻推"孩子。他在书中写道:孩子在临界点上,常常需要很长时间才能鼓起勇气、克服恐惧。这对父母来说极为难熬。当强推孩子直面恐惧、采取行动时，我们会觉得自己太过冷酷。这也是为什么很多父母最终因为心疼而任由孩子放弃。对此我完全理解——毕竟说一句"算了，不去就不去吧"会容易得多，我们何必非让孩子这么痛苦呢？但是最后，逃避换来的只会是更深的恐惧和焦虑。

怎样才能"支持孩子，但不支持逃避"呢？

"轻推"孩子时，有两个要素必不可少：一是轻推时保持联结，这样可以避免情绪失控；二是轻推时持续向前，这样可以避免逃避。握住孩子的手，与他肩并肩，对他说："我们要一起去喽！放心，我会一直握着你的手，直到你自己准备好。"在克服恐惧的过程中，我们可以时不时地停下来休整一下，但准备好之后一定要向前迈出下一步。记住，你不可能每次都恰到好处地避开"失控"或"逃避"，不要紧，只要能持续不断地向"直面感受"这个目标前进就好了。

在毛头的例子中，妈妈的轻推就做得非常好。一方面，用执行秘密任务的方式推动孩子独自去另外的房间，没有让孩子逃避；另一方面，妈妈在数数，保持与孩子的联结。两者具备，毛头在不知不觉间克服了恐惧，勇敢地独自去了另外的房间，这就是轻推的力量。

面对镜头，齐齐会有种"压迫感"，不那么自然和放松，妈妈让齐齐来教自己，"读不准"和"教不会"让齐齐感觉自己挺厉害，自信心爆棚，心中的紧张就自然地消解了。

另外，针对心理能量不足的问题，前面讲过的勇气加油站、勇气测量计等也是极好用的方法，能让孩子量化自己的心理能量，更清晰地面对自己的内心。

# "我没养成好习惯"

### 我就是忍不住要用袖子擦嘴擦鼻涕

有一位幼儿园老师,她的儿子叫转转。转转小的时候跟着奶奶在老家长大。3岁接回身边后,有两个习惯让他的父母很抓狂。一个是总用袖子去擦鼻涕、擦嘴;一个是食物掉在地上后,他总用手捡起来塞到嘴里。妈妈经常跟他讲:"这样做不卫生,擦鼻涕擦嘴要用纸巾,食物掉在地上也要用纸巾捡起来扔垃圾桶,已经脏了不能再吃了。"可是转转嘴上答应着,下次照旧。

爸爸是个急脾气,一看转转的袖子上全是口水和鼻涕就气不打一处来,把孩子训一顿。转转被吓哭了,可依旧改不了这两个毛病。

后来,转转的妈妈跟我提起这件事,我对她说:"关于这件事,你如果觉得是孩子态度不好,那就确实冤枉孩子了。这不是态度问题,而是能力问题。转转用袖子擦鼻涕是一个下意识的动作,是由下丘脑控制的,就好像人骑车、开车一样,自然而然就会踩刹车、踩油门、转弯,有时这些动作并不由大脑皮层指挥,相信转转就是这样——妈妈已经为用袖子擦嘴擦鼻涕这件事批评他好几次了,他肯定知道这样做是不对的,可他自己控制不了下意识的动作,可能擦完了才想起来'哦,不能用袖子擦嘴擦鼻涕',可那时已经晚了。"

"原来是这样,看来我总为这事批评他是不对的。那怎么帮他改呢?"转转妈很好奇。

"要想改变这个坏习惯,需要先打破它,再慢慢植入新习惯。下次,观察到孩子流鼻涕时,你不要帮他擦,而是指一下纸巾盒,就提醒到孩子要用纸擦鼻涕了。慢慢地,孩子在感觉到鼻涕流出来时,就会有意识地想到去拿纸,再慢慢地,他就会下意识地去找纸,这时,新的习惯就建立起来了,这个过程要有耐心,就仿佛教人开车一样。当孩子把拿纸擦鼻涕变成下意识动作后,就不需要再提醒了。"

转转妈回去尝试了一下,果然,两三天的工夫,转转就有了很大改变。他最后一次试图用袖子擦鼻涕时,刚一抬胳膊,想起了什么,看看妈妈,娘俩对视了一下,笑了,转转自己拿起了纸。转转妈妈很开心地鼓励转转:"你终于记得用纸擦鼻涕了,你做到了!谢谢你,这样我就可以少洗一次衣服了。"转转也很自豪,后来就不再需要妈妈提醒了。用同样的方式,转转又改掉了捡掉在地上的东西吃的习惯。

类似用袖子擦鼻涕这样的下意识动作还真不少,比如有的孩子习惯骂人、用手打人、下口咬人、咬指甲等,心理学上称为"动力定型",是指人长期生活、劳动,反复重演某种活动,逐渐在神经系统中建立的条件反射活动模式。外在的表现便是一系列比较固定的动作习惯。人的各种活动均能建立动力定型,如行走姿势、步法特征、书写动作和用语习惯,以及举止言谈、面部表情等。形成动力定型后，每一活动都会按已形成的动作模式自动再现，因为各器官间已经建立起相互协调一致、比较稳固的动作系统了。

大脑中的信息流就仿佛水流一样，如果曾经冲出了某条水道，下次水流经过时，也会依照之前的水道自然流淌。如果想让水流改变方向，就要开挖新的沟渠，将水引流过来。也就是说，如果想打破现有的动力定型，就需要在大脑中建立新的"信息传输通道"，从而使外在的行为发生改变。以下锦囊会有帮助。

### 要求锦囊一：行为演练

改变动力定型最常采用的方式就是行为演练。

有一个让父母和教师都非常头疼的问题是幼儿间的攻击性行为——不小心被惹了就开口骂、动手打或者张口咬。虽然父母和教师一再地向小朋友强调要友好相处，不能打人、推人或者咬人，但是小朋友往往管不住自己，打了、咬了别人后，听见老师的批评也知道自己错了，耷拉着脑袋感觉很羞愧，可下次遇到类似的场景时，又会故技重施。

改变攻击性行为最好的方式就是情景式的行为演练。让幼儿教师或者家长带着幼儿模拟容易生气的场景，引导他们学习用新的应对方式去解决问题，比如大声喊"我很生气""不可以"、跺脚、请同学帮助或者告诉老师，通过实际的行为演练在孩子的头脑中构建另外一条不打人、不骂人的通路，让孩子切实体验到还有别的方法存在。这样，在下次遇到类似的情境时，孩子可以有新的选择。

下面来看一位幼儿教师是怎样指导家长用行为演练的方式引导孩子不抢玩具的。

球球在幼儿园总是抢小朋友的玩具，老师很耐心地跟他讲："你不能抢小朋友的玩具，你看他很伤心。"球球知道自己这样做不对，可就是改不了，看见别人在玩他喜欢的玩具，他还是顺手就拿过来，因为在家里就是这样，他已经习惯了这种行为。幼儿老师让球球的父母回家准备一堆玩具，父母也扮演小朋友，跟球球一起玩游戏，玩具平分三份，一人一份。当孩子想玩父母的玩具时，就引导他跟父母商量："你能把这个长积木给我用一下吗？"球球如果抢父母的玩具，父母就说："你不能抢我的玩具，请你跟我商量。"把十几个玩具都轮流玩儿了一圈后，孩子基本上就形成"玩别人的玩具要商量"的新动力定型了。球球学会后，父母会给他竖个大拇指，并高兴地说："不抢别人的玩具，你做到了！"球球也一脸骄傲。

在行为演练过程中，最重要的是要有情境性，最好能真的唤起孩子的情绪体验，这样孩子在遇到类似情境时就比较容易迁移。而且，在孩子做到后，要及时地给予鼓励和表扬，让他感受到做出正确行为之后的美好体验和价值感，达到强化好行为的目的。

## 要求锦囊二：正面提醒

在构建新行为通路的过程中，孩子不可能演练一次就完全掌握，正如需要经年累月的冲刷才能形成新的水道，新行为的建立也需要比较长期的过程。这个过程需要父母的帮助，而最好的帮助就是"提醒"。

美国儿童心理学家安东尼·沃尔夫（Anthony wolf）提出了一个关于习惯养成的经典三步公式——第一步：提醒；第二步：提醒；第三步：还是提醒。

在儿子12岁升入中学以后，安东尼·沃尔夫要求他负责在社区指定的时间把家里的垃圾桶拿到路边。孩子对这项任务毫无怨言，但问题在于总是记不住，10次里面有9次都是沃尔夫提醒的。提醒了多久呢？4年。直到儿子16岁时，有一天，沃尔夫习惯性地要提醒他，就发现儿子正在把垃圾桶拖到路边。从那以后，沃尔夫就很少提醒了。

但是，许多父母对于提醒孩子没有耐心，往往一两次后觉得没用就有些灰心，开始吼孩子。其实，提醒孩子就好比扶孩子学走路，需要耐心，而且需要充满爱意、轻松和幽默。同样，提醒不应该是"批评"或者"责怪"，而是一种帮助，提醒孩子的时候，我们也应该找到轻松且令人舒服的方式。

**简单、有力**是首要原则。比如安东尼·沃尔夫在提醒孩子拖垃圾桶时，就简单地说"垃圾"两个字；提醒孩子用纸擦鼻涕，只用一个字"纸"，或者简单指指纸巾盒，孩子就能心领神会。父母不需要，也不能啰唆地说一大堆话，诸如"记得关门，说了八百次也记不得"，那就变成了唠叨和抱怨，直接说一个字"门"就很好。

如果**加入一点幽默元素**就更好了。有位妈妈说，她的孩子写作业时总忍不住要跟她聊天，于是她跟孩子商量："我一整天没见你，也特别想跟你聊天，可是写作业的时候专心写、不说话又很重要，你能想出什么办法呢？"孩子自己想到了一个办法，就是妈妈假装嘴被胶布贴住了。于是，每次孩子开始闲聊的时候，妈妈就只能"嗯嗯嗯"地回应，孩子觉得很好笑，同时也起到了很好的提醒作用。

## 要求锦囊三：早期动力定型

每次我出去讲课，课后总有家长围着我问："你做了什么才把孩子养得这么好？"我每次都说："养好孩子并不难啊，顺着劲儿养就是了，养坏才难呢！"

我不敢说自己养育孩子有多成功，但是对儿子的成长状态是满意的，也非常享受陪伴他长大的过程。我感觉养育他并不困难，小的时候给他养成各种好的生活习惯：早睡早起、早晚刷牙、不挑食、见人礼貌问好、遵守规则、认真学习、热爱运动、快乐生活……长大之后，孩子就沿着小时候的轨道快速前进，就会成长得十分顺利。也就是说，在孩子小的时候，父母尤其要注意给孩子培养良好的习惯，建立合适的动力定型；如果孩子小的时候没有养成好习惯，长大后父母再来纠正，就会比较费力，需要大量的耐心和长期的坚持，而且越大越难改，因为动力定型越来越强了——水渠越来越深，想要改道就愈发困难。讲到这里，我猜一定会有父母说："我知道要让孩子养成良好的习惯，但你是怎么培养的呢？"其实很简单，就是和孩子一起做。

# "我就是管不住自己啊"

## 一刷手机就停不下来

4岁的大智最近玩手机有些上瘾。他特别喜欢用手机刷小视频，小视频短小又好玩，十分适合他这个年龄的注意力发展特点。妈妈跟他约定好，每天可以看二十分钟手机，并给他定好闹铃，可是，二十分钟到了，他总是说"看完这一个……看完这一个……"，除非妈妈等在那里，把手机收走，否则他是不会主动交出手机的。有时，大智还会趁爸爸妈妈不注意，偷偷拿他们的手机，然后躲到角落里或者蒙到被子里，把声音调到最小，津津有味地看起来。妈妈发现了，把他揪出来，他就嘻嘻嘿嘿地交出手机。妈妈对他说："长时间看手机对眼睛不好，所以咱们得按照约定时间来。"他嘴上答应着，看的时候就完全把这些话抛之脑后了。没办法，妈妈只好把家里所有的手机都小心地藏起来，尽量不让他拿到。快到约定时间时，妈妈就提前站在大智旁边："大智，时间马上到了，看完这一个就结束咯！"妈妈还经常带他去楼下玩，用户外运动占满他的时间。偶尔地，大智也会主动交出手机，这时，妈妈就狠狠地夸奖他一番："哟！大智长大啦！能管住自己啦！"慢慢地，大智也对能管住自己这件事很自豪。有一次，他又主动交出了手机，然后兴奋地说:"妈妈,我管住自己啦!"

案例中的大智知道自己该关掉手机,可是苦于管不住自己,这属于自控力的问题。自控力也属于能力的一种,需要父母帮助孩子提高。下面这些小锦囊会有所帮助。

## 要求锦囊一:把自控当目标

当大智能管住自己时,妈妈就会狠狠地夸他"长大啦""能管住自己啦"。孩子都喜欢别人夸他长大,慢慢地,他就把管住自己当成目标。当能管住自己时,他会感觉很兴奋,非常有价值感,也会努力去练习自控。

针对如何提高孩子自控力的问题,心理学家进行了一系列"棉花糖实验"。这项实验始于20世纪60年代对斯坦福大学附属幼儿园学龄前儿童的研究:

实验者让孩子们从不同种类的食品中选出他们最喜爱的一种,包括棉花糖、曲奇饼、小脆饼、薄荷糖等。比如,艾米选择了棉花糖,她就会独自坐在桌旁面对立刻就能拥有一颗棉花糖的诱惑,但如果她能控制住自己不吃眼前这颗棉花糖,而是等待20分钟,之后她就可以拥有两颗棉花糖。在棉花糖旁还有一个小按铃,艾米可以在任何想吃掉它的时候按下按铃,唤回研究人员;当然她也可以等待研究人员自己回来。研究人员回来时,如果艾米没有吃掉那颗棉花糖,她就可以得到两颗棉花糖了。

研究者发现,自控力比较强的孩子并不只是忍耐或者简单说"不",而是会采用一些策略来帮助自己学会等待。研究者沃尔特·米歇尔(Walter Mischel)教授在《棉花糖实验》(*The Marshmallow Test*)一书中详细地描述了孩子们使用的有趣的策略。

## 傻笑的伊内兹

伊内兹瞥向了饼干,狠狠地盯了它们数十秒后陷入沉思。突然,她将手伸向按铃,但是当她就要碰到时,突然又停了下来。她的食指小心翼翼、试探性地在按铃上徘徊,将要碰到却又不想去触碰,一次又一次,像是自己在和自己玩。之后,她又把自己的小脑袋从按铃和碟子那边转了回来,开始大笑起来,好像是在做一件非常有趣的事情。她用拳头堵住自己的嘴,以免自己大声咆哮,脸上洋溢着自我庆祝的笑容。在结束了"傻笑"后,伊内兹又继续玩弄着那个按铃,但是现在,她开始交替地竖食指轻轻地对自己嘘声——她将食指放在了紧闭的嘴唇上,小声低语着"不要,不要"以警示自己,好像这么做就可以阻止自己似的。

## 敲椅子的恩里科

恩里科年龄大一点,他把椅子挪到离桌子很远的地方,椅背靠着墙。之后他开始不停地敲打椅子,同时又以一种百无聊赖的眼神盯着天花板,急促地呼吸着,似乎正在享受自己制造出来的响亮的撞击声。他持续击打着,直到研究人员回来,最终得到了两块饼干。

## "哑剧演员"布兰卡

布兰卡则用一种安静的、如哑剧表演般的自我交流使自己保持忙碌状态,就像卓别林在进行一场独角戏演出一样,她小心地指导着自己在等待过程中应该做什么和不能做什么,甚至伸出手放在鼻子前,假装去闻那根本不存在的饼干。

### 舔奶油的罗伯特

罗伯特——一个穿戴非常整洁的6岁男孩。研究人员一离开，罗伯特就迅速打量起了那扇门，以确认门是否紧闭。之后他迅速地"调查"起了放饼干的小盘子，舔了一下自己的嘴唇，拿起了离自己最近的那块饼干。他小心翼翼地把饼干掰开，白色的奶油从中流出，然后他歪着头开始用舌头一丝不苟地舔着奶油，期间，他曾有一秒停滞，用微笑的神情赞许着自己的聪明才智。在将里面的奶油都舔干净后，他非常有技巧地将饼干的两半又合了起来，再将这块空心的饼干小心地放回盘子里。此时，他的脸上更是掩饰不住的喜悦。

孩子们是不是很逗？从研究人员生动的描述中，可以看到这些可爱的孩子们采用了一些方式来抵御诱惑。而那些坚持不住的孩子，往往是盯着零食，过不了几分钟就忍不住按了铃。也就是说，他们自控力不足是因为缺乏策略。如果成人帮助孩子提高对策略意义的理解，或者帮助他们想一些策略，就能够大幅增加幼儿延迟满足的时间。因此，自控力是一项可以习得的技能，能够通过教育得到改善和提高，我们需要把提高孩子的自控力当作教育目标，帮助孩子学会自己管住自己。

## 要求锦囊二：提前提醒

当孩子沉浸在一件事情中时，会产生"心流"的感觉，难以自拔也很正常，所以，需要来自外界的一些适当提醒。

父母可以帮忙提醒。稍微提前一会儿，让孩子有缓冲的时间，效果会更好。比如，有经验的父母在提醒孩子时会这样跟孩子说："你还可以再玩五分钟，我们就要回家咯！""还有五分钟我们就要开始了，你准备好了吗？""再有一分钟这集就演完了，我们的动画时间也要结束啦！"提前让孩子做好准备，提要求时孩子就不会觉得特别突然，也会更乐意接受。

慢慢地，还可以让孩子练习使用闹钟，定好时间，时间到了自动关掉。不过这需要自控力达到一定水平之后才有效。对于小孩子来说，还是更依赖于父母的提醒。

### 要求锦囊三：转换思维

在棉花糖实验中，研究者提示孩子们将棉花糖想象成圆形的云朵，而不要总是想着棉花糖软软的口感和甜甜的味道；或者想象眼前的这个棉花糖被虫子咬过；又或者想象眼前的棉花糖只是一张照片——这些策略都能大幅度延长幼儿延迟满足的时间。

如果孩子沉迷于游戏，要如何转换思维来帮助他放下游戏呢？

想象自己在游戏中总是被虐？想象自己总是不通关？想象别的更有吸引力的事情，比如吃一顿美食？可以跟孩子一起做"游戏不好玩"的活动，看谁想出来的点子更"恶心"，更能抵消游戏的诱惑力，这有助于减少孩子沉迷于游戏的机会，同时对孩子顺利从游戏中抽身也大有裨益。

### 要求锦囊四：隔离

眼不见，心不烦。隔离对于抵制诱惑大有帮助，尤其是对小孩子而言。

如果孩子小，建议在家里立个规矩：父母回家之后把手机放到门口的柜子里，非必要不使用手机，这样做能有效避免孩子随时可以拿到手机玩，对于家长来说，也是一种很好的限制，既能给孩子做好少刷手机少玩游戏的榜样，又能多一些陪伴孩子的时间。

隔离思维还可以应用到孩子写作业上。千万不要让孩子拿着手机进学习的房间，那对孩子的自制力是非常大的考验。写作业时，把桌面收拾干净，书桌上只放书本及与写作业相关的物品，其他东西一律收起来，这对于提高孩子的专注力会有极大的帮助。

用小游戏来隔离，以避免孩子玩大游戏，也是隔离思维的一种变式应用。人人都有放松的需要，可以适当让孩子玩一些单机版的小游戏，比如扫雷、大鱼吃小鱼、连连看等，尽量不要玩网络版的大型游戏，网络游戏因为有任务奖励、团队作战等各种设置，会让孩子不由自主地过多卷入到游戏中，这对于自控力也是极大的考验。许多成年人都难以自拔，何况孩子呢？

## 要求锦囊五：授权别人监督

一到元旦、新年这种有仪式感的日子，经常就会有人在朋友圈立目标——"从今天开始我要……""今年我要……""请朋友圈的小伙伴们监督我……"。减肥、跑步、阅读……这些需要长期坚持的活动，尤其适合授权别人监督。

对于大一些的孩子，当他们想自控又感觉自己无法做到时，可以授权父母监督。"授权监督"的关键点不在于"监督"，而在于"授权"。是孩子心甘情愿地主动请求父母监督自己，而不是父母用这种方式去控制孩子，前者有助于增强孩子的主动性，而后者则让孩子成为父母的奴隶。

有段时间我想坚持跑步，听说有一种"酷跑群"，需要成员每天打卡，互相监督，如果不打卡，就会被群里的其他成员骂。我没有加入，因为感觉不好——谁想挨骂呢？授权监督时，如果需要制定一些小小的奖惩措施，可以使用温和的方法，比如把自己的心爱之物暂时交由父母保管，如果能够持续做到自控，就可以重新拿回心爱之物；也可以使用一些奖励，但是不要过多地强调它，也不要让孩子为了得到奖励而努力，奖励只是锦上添花，而不要喧宾夺主，比如"抽奖"就是很好的方式。尽量不要使用惩罚，例如酷跑群里的责骂会让人很不舒服，影响授权的本意和效果。

# "我的身体和思维暂未发育成熟"

**自主阅读好难呀！**

豆豆出生后，我就给她买了不少绘本，并坚持陪她进行亲子阅读。可能是我的引导方法不对，她只喜欢听我给她读书，没有自然地过渡到认字并自主阅读。上了小学后，老师推荐了一些"大部头"的带拼音的文字书，这让她更加难以适应。她拒绝自己阅读，非缠着我给她读。

好吧，我知道让她一下子过渡到读纯文字的书有些难，但总归要穿越这个过程才能顺利地实现自主阅读的目标。我先从实用性的角度给她说，自主阅读是学习的基础，能认字，增强理解能力、语言表达能力，还能拓宽知识面，读书多的孩子懂得多，会得到老师和小朋友的称赞，学习成绩肯定也差不了……让她意识到自主阅读的重要性，并激发她阅读的动力。然后我们一起制定了为期半年的"阅读突破计划"：

1.增加识字量。她不能自主阅读，最主要的原因是识字量不够，每天认识五个字，并把它们写下来装到一个专门的盒子里，可以非常直观地看到自己认识了多少字，会非常有成就感。认字的方法也有很多——联想、五个字串成一句话、抽奖、小猫钓鱼等游戏都有效。半年就可以认识七八百个字。

2. 练习拼音整读。老师推荐一年级的孩子阅读带拼音的书。但是要想实现无障碍阅读还需要练习不拼直接说出字的读音。

3. 每天阅读半个小时，记录到"阅读存折"中。阅读半个小时可以加10分，每到一百分可以抽奖一次（抽奖的方法有助于消减孩子对物质奖励的依赖，而保持对活动本身的兴趣）。将能独立阅读的书放到一起，摞成一摞，孩子会非常有成就感。

4. 多买一些带拼音、字大、排版稀疏，但是比较厚的书，读起来很轻松，读完还很有成就感（这是豆豆自己的建议）。

这个"阅读突破计划"进行了四个月，豆豆的阅读能力突飞猛进，她已经读了二十多本书，有时两天就能读完一本一百多页的书，看着越摞越高的书，豆豆自豪地说："我是阅读高手啦！"

豆豆喜欢亲子阅读、听故事，却不愿自己读，这就说明孩子喜欢读书，但是因为阅读能力跟不上才不愿意自己读。其实，像阅读这样的复杂活动涉及多种能力，父母要学会将涉及的能力进行拆解、细分，分别进行练习，最终掌握自主阅读。整个过程中，父母要陪伴孩子一点一滴地去努力，及时给予孩子反馈，让孩子看到自己的成长和进步，自我效能感爆棚，孩子就会越来越愿意自我挑战。

## 要求锦囊一：目标能力细分

孩子往往是以"自我"为中心的，感觉自己做不好就不想做。可实际上，做好一件事情需要转换思维，以"目标"为中心，把目标分解，并根据目标拆解所需的能力，查漏补缺，提高相关能力或者请求别人帮忙完成暂时达不到的部分，目标也就可以一步步顺利地达到了。

生活中，你会发现有的人"目标感"很强，一种方法失败了，他们会继续尝试另外的方法，直到最终解决问题；而有的人则缺乏这种目标感，他们往往期望"毕其功于一役"，想到一种解决问题的方法后，尝试一下，如果结果不好，这件事情就会被搁置，因为他们感觉自己想不出更好的方法，即便想到了，似乎也做不到。写到这，我想起了一个笑话。

有一个人把钥匙弄丢了，他在路灯下找来找去，找了好久也没有找到。路过的人纷纷过来帮他找，可是找了半天依旧没有找到。

有人问他："你觉着大概是丢在哪里了？"

那个人说："应该是丢在那边的草丛里了。"

"那你为什么在这儿找呢？"

"因为这儿有路灯呀！"

不是每个人都能自然地建立起"目标感"，许多人一辈子可能都无法突破"以自我为中心"，学会"以客体为中心"，用更理性的态度去面对现实。这需要父母在生活中通过和孩子共同解决问题，一点点地传授给孩子。

要完成一件事情往往需要多种能力，而每种能力往往又是多种技能的集合。父母需要学会透过孩子的表现发现问题到底出在哪里，哪些能力需要加以锻炼和增强，从而更有针对性地帮助孩子。

比如不能顺畅地写字，有肌肉方面的问题，如写一会儿就感觉手酸、手累、肌肉紧绷，拿笔姿势怪异，用力太重或太轻，字写得太小、挤向格子的一边或超出格子边框，头常在写字时偏向一边，需要转动纸张来调整角度……也有技巧方面的问题，如不懂顿笔、出尖等各种笔画的正确运笔和书写方式，笔顺错误，倒下笔写字，字写得不好看……

如果是肌肉力量的问题，父母要带孩子进行相应部位的肌肉锻炼。比如，增加肩胛力量的运动有吊单杠、单杠倒挂、徒手爬门框；增加手肘及手腕力量的运动有手撑椅子把自己撑起、掰手腕、倒立、手推车游戏等；锻炼手部肌肉群的活动有使用筷子、镊子、剪刀，练习串珠，手工制作等。如果是技巧方面的问题，父母可以给孩子报个书法班，或者找一些相关视频带着孩子进行练习；如果是笔顺方面的问题，那就需要挨个字书空（用手指在空中虚划字形），学习正确的笔顺。

再比如想要学好数学，需要综合运用多种能力。《义务教育数学课程标准》中指出：应当注重发展学生的数感、符号意识、空间观念、几何直观、数据分析观念、运算能力、推理能力和模型思想，还应注重发展学生的应用意识和创新意识。有的孩子能从1数到100，但是并不明白这些数字代表什么意思，也不会"点数"，有的孩子在逻辑推理方面转不过弯来，有的孩子则空间图形思维不好——父母可以有针对性地陪孩子进行相应练习。蒙氏数学教具的家庭装可以用来帮助孩子进行数学启蒙，市面上也有许多逻辑思维训练的书籍和课程，父母们也不妨找来陪孩子玩一玩。儿子小的时候，我就经常和他玩一些数学游戏，比如"鸡兔同笼""牛吃草""一笔画""抽屉原理"等，孩子觉得有趣，乐此不疲，这些游戏无形当中也锻炼了孩子的逻辑思维能力，让儿子对数学更有兴趣。

其实，现在各行各业的研究都非常系统、细化，产品也非常丰富，针对性很强，只要有搜索意识，父母很容易找到相关资源来帮助孩子把目标能力细分，并有针对性地进行锻炼。

## 要求锦囊二：详细计划

目标确定、能力细分之后，做好详细的计划则是执行的关键。

有句话说得好——如果你真的想要完成一件事，那就要给它安排出具体的时间来。计划并不是简单地把要做什么列出来，而是一定要落实到每天的时间轴中。仅仅把要做的事情像任务清单一样列出来，没有跟日常生活发生具体的联系，孩子在执行时还需要一个转换的过程，很有可能因为磨蹭、拖拉，最后没有时间去做要做的事情。

我比较喜欢的方式是用一条长长的线表示时间轴，在时间轴上，标出时间段以及要做的事，然后把这张纸贴在墙上，让孩子一目了然，起到提醒的作用。到了时间点就要做相应的事情，也避免了"始动调节"的困难。当然，在时间计划方面要留出一定的富裕，不要安排得过紧，安排一定的弹性时间，如果孩子能提前完成，那这些时间就是自由时间，是对他高效完成计划的奖励。

## 要求锦囊三：记录成功

目标是用来完成的，不是用来自虐的。许多人喜欢制定一系列目标，最后都达不到，时间长了，会磨灭信心，也会在无形中增加挫折感。因此，目标不应太高，而是孩子跳一跳就能达到的，正如俗话说的，"跳一跳，摘葡萄"。

围绕最终的大目标，应有一系列的小目标、中目标，而完成一个小目标，父母就要郑重且兴奋地跟孩子说一句"你做到了！"或者跟孩子痛快地击个掌，还可以让孩子说一说"胜利感言"，讲讲他是怎么完成目标的。这些十分有仪式感的方式都有助于孩子记录自己的成就感，会成为孩子继续努力的动力。

我还喜欢干一件事，就是偷拍孩子在一开始面对困难时的神态，那时他又哭又闹，气急败坏，感觉天都要塌了一样。取得进步和成功后，他看看之前的自己，觉得好笑又好玩，同时也意识到，"即便当初我感觉那么困难，现在我还是做到了"，这非常有利于增强孩子的信心，有助于培养孩子的自我效能感。下一次，当孩子再遇到困难，感觉十分挫败时，我会把这件事拿出来当例子说，成为他在低谷时的"能量加油棒"。最让我欣慰的是，他离开我一个人工作后，要经历各种考试和升级，有一次他对我说："虽然感觉很难，但我始终相信我可以做到。"这就是最初"挫败—成功"经验带给他的信心吧！

## 要求锦囊四：复盘调整

所谓复盘，就是在计划告一段落之后，对整个计划及活动的过程进行回顾、总结。复盘时，我们可以总结经验、教训，以更好地做出调整，复盘也可以使下一步的努力方向更加明晰，同时还能将整个过程捋一遍，我们会看到自己感受的跌宕起伏，也会生发出许多有关人生的感悟。

复盘是非常强有力的工具，能帮助孩子梳理一遍整个过程，让孩子建立起"全局思维"，可以俯瞰整个过程，更好地看清到底哪个环节出了问题，哪个地方需要加强。这就仿佛是看电视剧，电视以外的我们就带有一种全局思维，可以很好地理解事情发展的整体脉络，紧要关头我们会为主角捏一把汗，有时也会因为主角"当局者迷"而替他们着急——复盘就仿佛是把自己的人生拍成电视剧，像局外人一样来看自己的人生，这种视角有助于孩子跳出感官经验的局限，不再让喜怒哀乐左右自己看待事情的角度，能更加理性、更加全面、更加从容。

## 要求锦囊五：不要在感觉最糟糕时放弃

有一种非常普遍的情况是，孩子因为觉得好玩有趣喜欢上了某种活动，父母见孩子兴趣满满就给报上了兴趣班，结果，学习的过程中遇到了困难，孩子又"三分钟热度"不愿学了。孩子真的不喜欢了吗？不是的。大部分时候是因为遇到了困难和瓶颈，孩子克服不了。

有个家长给我打电话，说她的女儿小葡萄喜欢练舞蹈，就给孩子报了舞蹈班。可是上了没多久，孩子就吵着不要再上了，因为疼。舞蹈需要练基本功，而小葡萄的身体比较硬，青蛙趴的时候屁股撅得很高。有一次，老师坐在她的小屁股上，把她疼哭了，她就再也不想去了。还要不要让孩子坚持呢？家长很纠结。

小葡萄的妈妈回想自己上大学时，经常参加各种晚会、活动。她看着其他同学在舞台上很风光，自己只能默默地当观众，回家问她妈妈："我小时候你怎么不给我报个舞蹈班或者乐器班？看我现在什么特长也没有。"妈妈一脸无辜地说："给你报了啊，一开始报了舞蹈，你学了两次说疼，就没再去。也想让你学钢琴，可是你嫌难，不愿学，我也就没坚持。"

如果现在就让小葡萄放弃，长大了她会不会抱怨？可是，从那以后，孩子一去舞蹈室就会哭，她好说歹说、各种许诺才勉强让小葡萄进去，但每次孩子出来就说："妈妈，下次我不去了行不行？"她这样强烈要求停止，再强迫她去，是不是也不好？

我给的建议是：不要在孩子感觉最糟糕的时候放弃。

孩子的兴趣不稳定，学了一段时间，遇到困难就没兴趣了，如果这个时候放弃，会让孩子留下阴影，对于培养孩子的自信和坚毅品质都没有好处。可以跟孩子商量，坚持完这一个学期，如果还是实在不喜欢，就放弃。同时，我还建议小葡萄的妈妈跟舞蹈老师交流一下，有没有好的方法能引导孩子把基本功突破。老师说练舞蹈一开始有点疼很正常，每次练到疼的时候坚持10秒钟，慢慢就不疼了。于是，她就每天晚上用这种方法陪孩子练基本功。一开始小葡萄的横叉打不开，妈妈一点点带她挑战，在她能接受的范围内慢慢增加难度，后来，她的横叉就打开了，其他动作也慢慢能跟上了，孩子很有成就感。一学期结束，妈妈问小葡萄还要不要继续学舞蹈，没想到，小葡萄的态度改变了："要学！要学！"

孩子在学习过程中遇到困境是非常正常的，父母和孩子都要有耐心，不要着急，不要轻言放弃，跨过某个瓶颈后，孩子可能就会爱上这个活动。所以，不要在孩子感觉最糟糕的时候放弃，稍稍坚持一下，让孩子看到成功后的自己，这对增强孩子的自信心更有帮助。

## 回顾与思考

许多时候,不是孩子不配合,而是孩子的能力达不到。一般可分为以下几种情况。

### ※"我的心理能量不足"

做任何事情都需要心理能量,孩子年龄小,心理能量不够,面对困难时容易退缩。

**要求锦囊一:接纳与等待**

接纳孩子暂时做不到,等待孩子做好准备,他才可能主动行动起来。

**要求锦囊二:轻推**

"轻推"孩子时,有两个要素必不可少:一是轻推时保持联结,这样可以避免"情绪失控";二是轻推时持续向前,这样可以避免逃避。

### ※"我没养成好习惯"

习惯性动作就是"动力定型",是指人长期生活、劳动,反复重演某种活动,逐渐在神经系统中建立的条件反射活动模式。

**要求锦囊一:行为演练**

让幼儿教师或者家长带着幼儿模拟行为场景,引导他们学习新的应对方式。行为演练过程中,最重要的是要有逼真的情境,最好能真的唤起孩子的情绪体验。在孩子做得好时,要及时地给予鼓励和表扬,让他觉得做到这件事非常值得骄傲,下次他会更愿意去做。

**要求锦囊二:正面提醒**

提醒孩子,就好比是扶孩子学走路,需要耐心,且需要充满爱意,语气轻松，简单、有力是首要原则。如果加入一点幽默元素那将更好。

**要求锦囊三：早期动力定型**

从小培养孩子养成良好的习惯，建立起合适的动力定型，孩子自然就成长得不费力。

## ※"我就是管不住自己啊"

自控力也属于能力的一种，需要父母帮助孩子来提高。

**要求锦囊一：把自控当目标**

自控力是一项可以习得的技能，可以通过教育得到改善和提高，我们需要把提高孩子的自控力当作教育目标，帮助孩子学会自己管住自己。

**要求锦囊二：提前提醒**

有经验的父母在提醒孩子时，会这样跟孩子说："你还可以再玩五分钟，我们就要回家咯！""还有五分钟我们就要开始了，你准备好了吗？""再有一分钟这集就演完了，我们的动画时间也要结束啦！"

**要求锦囊三：转换思维**

在棉花糖实验中，将棉花糖想象成圆形的云朵，而不是总想着棉花糖软软的口感、甜甜的味道，或者想象眼前的棉花糖被虫子咬过，又或者想象眼前的棉花糖只是一张照片，能大幅度延长幼儿延迟满足的时间。

**要求锦囊四：隔离**

隔离对于抵制诱惑大有帮助，尤其是对小孩子而言。用小游戏来隔离，以避免孩子玩大游戏，是隔离思维的一种变式应用。

**要求锦囊五：授权别人监督**

对于大一些的孩子，当他们想自控又感觉自己无法做到时，可以授权父母监督。"授权监督"的关键点不在于"监督"，而在于"授权"。是孩子心甘情愿地主动请求父母帮助，而不是父母用这种方式去控制孩子。

## ※ "我的身体和思维暂未发育成熟"

复杂的技能往往涉及多种能力，父母要将能力拆解、细分，分别进行练习，最终掌握目标技能。

**要求锦囊一：目标能力细分**

孩子往往是以"自我"为中心的，感觉自己做不好就不想做。可实际上，做好一件事情需要转换思维，以"目标"为中心，把目标分解，并拆解所需的能力，查漏补缺，提高相关能力或者请求别人帮忙完成暂时达不到的部分。父母需要学会透过孩子的表现发现问题到底出在哪里，哪些能力需要加强锻炼，从而更有针对性地帮助孩子。

**要求锦囊二：详细计划**

用一条长长的线表示时间轴，在时间轴上标出时间段以及要做的事，然后把这张纸贴在墙上，让孩子一目了然，起到提醒的作用。

**要求锦囊三：记录成功**

完成一个小目标，父母就要郑重且兴奋地跟孩子说一句"你做到了！"或者跟孩子痛快地击个掌，还可以让孩子说一说"胜利感言"，讲讲他是怎么完成目标的。这些十分有仪式感的方式都有助于孩子记录自己的成就感，会成为孩子继续努力的动力。

**要求锦囊四：复盘调整**

所谓复盘，就是在计划告一段落之后，对整个计划及活动的过程进行回顾、总结。复盘时，可以总结经验、教训，以更好地做出调整，复盘也可以使下一步的努力方向更加明晰，同时还能将整个过程捋一遍，我们会看到自己感受的跌宕起伏，也会生发出许多有关人生的感悟。

**要求锦囊五：不要在感觉最糟糕时放弃**

孩子在学习过程中遇到困难是非常正常的，父母和孩子都要有耐心，不要着急，不要轻言放弃，跨过某个瓶颈后，孩子可能就会爱上这个活动。

请就某天发生的事情，思考孩子是因为什么而达不成目标，分析孩子缺乏的能力，有针对性地给予支持，并记录效果如何。

# 做不到也不想做，这样的孩子还有救吗？

对于学习能力不强，也不爱学习的孩子，首要的是帮助他找到获得成就感的突破口，及时肯定孩子的小成就，给予孩子强化和鼓励，培育孩子的自信心，帮助他燃起激情、增强能力，自信心一旦建立，就很容易迁移到更多的事上，全面突破自我。

> 你不是不爱学习,而是怕努力学了也学不会,显得自己太笨。
> —— 一位学习导师对孩子这样说

# "我就是传说中的'学渣'"

我有位朋友专门辅导孩子学习。不管孩子原本成绩如何,跟着她学习一段时间,都会有很大进步。我觉得很有意思,就去找她取经,了解她是如何帮助孩子们学习的。她给我讲了林林的故事。

## "学渣"逆袭记

林林上小学四年级,他妈妈跟我是大学同学,听说我带孩子学习很有方法,暑假时特意把孩子送来辅导。

林林真是名副其实的"学渣",成绩在班里垫底,也不爱学习,娘俩每天都要为学习的事情吵架。俗话说"虎父无犬子",他妈妈就特别不理解,自己是南京大学毕业的高才生,孩子怎么就没有遗传自己的好基因呢?林林来了之后,我跟他谈心,他说:"我就是不喜欢学习。"我对他说:"这根本不是你真正的想法,你其实是怕努力了也不会,而显得自己太笨。"我向孩子保证,在中小学阶段,学习没有难到努力了还学不会的程度,他之所以感觉不爱学习,是因为没有体验到"会做"的感觉。一旦体会到了"会做"的感觉,就会愿意在学习上倾注更多时间,进而取得好成绩。

接着,我对他说,学习是一项长期的连续活动,如果一开始学好了，就会越学越轻松，但如果一开始学不好，就会越来越痛苦。学习没有捷径，想要学会就必须付出努力。因为他现在已经有点落下了，所以需要付出更多一点努力，但总归是可以跟上的。他半信半疑，但也表示愿意试试。

我们一起商量好每天的学习计划，并且要求他，即使不愿学习，到点了也必须坐到书桌前，不能磨蹭——这样能保证孩子养成良好的学习习惯，不磨蹭、不拖延、不找借口。不得不承认，学习有时是挺枯燥的，对于大部分孩子来说，除非有人提出要求，否则他们是不愿为此付出努力的。

为了让林林把基础打好，我从一年级的内容开始给他补课。在小学阶段，只要把课本上的东西弄懂、学会，达到滚瓜烂熟的程度，就能迅速提高成绩。有时，他感觉自己已经会了，就不愿再努力了。我告诉他："有时表面的学会不是真的学会。比如做口算，有的同学5分钟做完40道，全对，而你现在七八分钟才能做完40道，还总是错两三道，这就说明基础还是不牢固，还需要加强练习。"像口算这种学习的基本功，需要天天练，练到速度非常快、准确率非常高才可以。背诵也是一样，只是简单背下来还不行，需要背到滚瓜烂熟的程度才可以，只有这样，才能形成深刻的记忆。而有的应用题，我简单提示一下，他就觉得自己会了，但实际上，这样还不够。学不好的孩子有一个通病，就是不懂装懂。嘴上说懂了，只是把过程和答案抄一遍，其实自己还是不会推理计算。必须要做到不依赖我，而是通过独立思考做出来才可以。

在给孩子讲题时，我尽量不把整个过程都讲出来，只是简单提示，引导他独立思考，当他做出来后，就狠狠地夸他："看，我是不是说过你可以做到的？！"在四年级时回头学一二年级的东西，这种成就感很容易找到，所以，他的信心也一点点地树立起来。在我的帮助下，他一次次地证明了自己能做到、做好，慢慢就不再感觉学习充满压力，也就不再找借口拖延了，学习和做题的速度也快了不少。在讲题的过程中，如果给他讲三次，他还是不明白，我就暂时先不讲了，过段时间再给他讲。孩子跟我说："我妈给我讲题，讲了半天，问我懂了吗，我就说懂了懂了，实际上我压根没懂。因为我要说没懂，她就会气急败坏地说'你怎么还不懂呢？'我可能就是有点笨吧！"不得不说，许多父母不会讲题，常犯许多错误。比如，有的父母给孩子太多提示，以至于孩子可能跟不上家长的思路，感觉自己是被家长推着走，从而丧失解题的兴趣；有的父母在给孩子讲题时，看孩子听不懂，火气就越来越大——"这么简单的内容怎么就是听不懂呢？"孩子会从父母越来越不耐烦的声音中感受到父母的怒气，同时也会丧失对自己的信心；有的父母自己只会做题不会讲题，做完之后还问孩子懂了没有，孩子不敢说不懂，只能假装说懂了，其实看孩子那迷离的眼神就知道他没有懂。孩子为了感受到被爱，会迁就父母的错误，孩子不会说父母讲得不行。时间一长，孩子就是真不懂也不说了。

　　就这样，用一个暑假的时间，我们把之前四年学过的内容快速过了一遍，把基础打得牢牢的，还提前预习了五年级的内容。开学后的一天，林林妈妈给我打来电话，告诉我："林林现在的学习状态很好，习惯也很好，回到家就写作业，很认真的样子。感觉他终于'上道'了。"我也很欣慰。

所谓"学渣"，就是学习不好，也不爱学习的孩子。他们往往在别的方面还行，但就是在学习上不灵光，因为他们在学习方面没找到成就感。但这样的孩子并不是没救了，只要父母不放弃，他们的学习能力就还是可以提升的，以下锦囊会有帮助。

## 要求锦囊一：找到成就感的突破口，换轨道

学习就像是建造一座大楼，一环扣一环，如果在某个环节没有打好基础，落下了，孩子就会感觉跟不上，越学越累，对学习没有好的感受，慢慢开始讨厌学习；而孩子讨厌学习就不会在学习上花太多时间，自然也就学不好，如此一来，就进入了恶性循环。

孩子之间确实存在智力上的差距，但是基础教育阶段的内容是普及性的，绝大多数孩子都可以学会，只是花费时间和努力多少的问题。父母要对自己的孩子有信心，不能放弃，想办法找到突破口，就像火车经过轨道连接处时一样，慢慢让孩子换到新的轨道上，带孩子走出恶性循环。这个突破口就是想办法让孩子找到成就感。

可以尝试从以下几方面入手：

**1.倒退学**。对于数学这类前后知识关联性比较强的科目，如果孩子学不好，一定是在某个环节卡住了。父母可以带着孩子从一年级的知识开始过一遍。这样做一是因为孩子曾经学过，再学一遍就很容易找到成就感；二是因为父母可以由此找到孩子没有掌握哪些知识点，重点强化，帮孩子

把地基打好。

2.**从最擅长的学科入手**。比如，对于初中的孩子来说，学习科目比较多，有的孩子喜欢学生物，有的喜欢学化学，先从这些学科入手，问问孩子，"你是怎么把这门学科学好的？"激发孩子的自信心，让孩子看到自己并非"天生就不是学习的料"，而是没找对方法或者努力不够，再将这种自信心迁移到暂时没有学好的学科当中。

3.**做好预习**。俗话说笨鸟先飞，如果之前的经验提示孩子在正常的进度下学不会，那就要让孩子提前做好预习，上课再有重点地听，学习就会变得相对容易，孩子会更容易获得成就感。预习一直是非常重要的学习方法。

4.**及时肯定孩子的小成就**。哪怕孩子做会一道题，背会一首诗，写会一个单词，父母都要及时给予强化和鼓励，让孩子体验到自己确实能学会、能做到。就像例子中的林林，当他做对了一道题，我朋友就会说，"看，我是不是说过你可以做到的？！"这就让孩子慢慢感觉"我确实可以做到"。

当孩子在学习中体验到"学得会"的感觉后，就会越来越爱学——越来越爱学就会越学越好，这样就走上了正向的轨道。

## 要求锦囊二：积极鼓励

会鼓励孩子，真的是一项非常重要的技能。

> 有一天，我妹妹给我打电话问："你外甥回来说，'我二姨鼓励到我了，我要努力学习'。我想知道你到底用了什么神技把他鼓励到了。"
>
> 我这个外甥的小学成绩还不错，可上了初中之后变得不怎么

认真学习了。他放暑假来我家小住了几天,我请他帮我洗车。他是一个做事非常认真的孩子,仔仔细细地帮我把车洗了一遍。干完后,我很认真地看着他的眼睛说:"谢谢你,你帮了我一个大忙。我发现你洗车很仔细、很用心,所以做得非常好。一般像你这个年龄的孩子是做不到的。"他听了非常自信地说:"只要我用心做的事情,一定可以做好!"我马上说:"你说得太对了,我相信你只要在学习上用心,也一定能学得非常好!"

这样简简单单的几句对话就瞬间击中了他,让他有信心去努力学习。当然,看似简单的几句话,里面也蕴含了一些小方法、小技巧:

**1.鼓励他的时候,我非常认真。**因为我是老师,在他心里的"地位"挺高的,我这样认认真真地跟他讲话,让他感觉自己倍受重视,从而也很认真地对待我与他的对话。

**2.我谢谢他,并且夸奖的是他的用心,而不是他的聪明之类。**他非常认同这一点,生活中肯定也有过类似的经验,所以他才会说"我只要用心,就能做好"。通过认可他用心刷车,让他感觉自己只要用心,学习也没问题。

**3.从小事出发,肯定他的本质,这让他有种"被看到"的感觉。**生活中,不一定非要孩子达到多高的要求才配得到鼓励和认可,最难得的是平凡中见真情,以小见大,这让孩子感觉"你说得很真诚",才更加信服。

对学习不好的孩子来说,因为在学习中找不到成就感,尤其需要在其他地方获得一些肯定。当孩子因为这种肯定和鼓励获得了自信心,建立起了自我价值感之后,他的"上进心"才会被激发出来。慢慢地,他会将这种信心迁移到学习中。

## 要求锦囊三：重拾对于努力的信心

孩子讨厌学习、放弃努力，实际上是因为"习得性无助"。习得性无助是指个体经历某种学习后，在面临不可控情境时形成无论怎样努力也无法改变事情结果的不可控认知，继而导致放弃努力的一种心理状态。

美国心理学家塞利格曼（Seligman）把狗关在笼子里，只要蜂音器一响，就给狗施加难以忍受的电击。狗逃避不了电击，于是在笼子里狂奔、屁滚尿流、惊恐哀叫。多次实验后，蜂音器一响，狗就趴在地上惊恐哀叫，但不再狂奔。后来，实验者在电击前把笼门打开，此时狗不但不逃，而是不等电击出现，就倒地呻吟和颤抖——它本来可以主动逃避，却绝望地等待痛苦的来临，这就是习得性无助。

孩子一开始可能还是愿意努力的，但在经历一次次的努力都没有效果之后，孩子就感觉"无论怎么努力都学不会"，渐渐就放弃了努力。所以，父母要帮孩子重拾对于努力的信心。学习没有捷径，要想学习好，一定要付出努力才可以。父母可从下面几点入手：

**1. 重新叙述对于学习的感觉。** 让孩子把本来模糊不清的想法说出来，然后引导孩子看到自己更深层的动机。比如前面的例子中，我的朋友在林林说"我不爱学习"时，对他说"这根本不是你真正的想法，你其实是怕努力了也不会，而显得自己太笨"，让孩子看到，自己不是天生不爱学习，而是因为一次次的努力失败而丧失了信心。这在心理学上叫"叙事疗法"，一个人诉说一件事的方式决定了他的态度。当他改变叙述的方式时，认知也会随之改变。

**2. 让孩子看到努力是有效果的。** 通过及时肯定孩子的小进步、小成绩，尤其是让孩子看到自己努力后从不会到会的过程，可以增强孩子对于努力的信心。

塞利格曼提到一个叫"心理免疫力"的概念。流感疫苗的作用机制是打一点灭活病毒到身体里，体内的白细胞会包围它，把它消灭，然后身体就有了对抗这种病毒的经验，组建一支"队伍"，学会用一套流程去对付它——当真的感染病毒的时候，身体就会调用经验，立刻消灭病毒，这就是身体的免疫力。心理免疫力是一样的道理，当遇到困难或过不去的坎儿时，如果我们想办法克服了，就是给心理打一针疫苗，等下一次再遇到困难，我们就知道再难也能过得去，就建立了战胜困难的信心。

所以，要强化孩子好的感受，让他相信是通过自己的努力取得的成绩，从内心深处觉得自己可以做到，自己肯定会取得好成绩。

**3.讲述学霸的努力故事。** 偷懒是人的本性，孩子头脑中暗藏着不劳而获的思想，想走捷径，不愿付出努力，这很正常。

有趣的是，在学习上，人越是无能，就越有"梦想"——这就是白日梦，不切实际。我就见过高三第一次摸底考试只考了100多分的孩子"执着"地想上一本；一点也不学习的孩子想成为乔布斯；还有的孩子想找一种方法，让他用1个小时就学会别人10个小时才能学会的东西。许多孩子觉得，别人没怎么努力就能取得好成绩，贬低努力的价值。父母在提到成绩好的孩子时，不要说人家多聪明，一定要肯定别人付出的努力。让成绩好的孩子现身说法，来给自家孩子说说自己是如何努力的，也会起到很好的效果。

要让孩子看到，对于不同的孩子来说学习的感觉是不同的。一开始就很努力的孩子会越学越轻松，而努力不足的孩子则会越学越累。在学习的过程中，如果遇到困难就绕道而过，不安和痛苦就会一直伴随；如果不怕困难积极克服，学习之路反而会越来越平坦。

凡是在学习中体会到乐趣的孩子，肯定是下了功夫，努力过、苦恼过、刻苦过——这个过程越艰难，解决后就会越兴奋，这种兴奋就是所谓的成就感。父母要强化孩子的这种感受，让他找到学习的乐趣所在。

**4. 接纳学习中枯燥的部分。** 学习是枯燥的，也是充满乐趣的，我们要努力激发孩子的学习兴趣，同时也要接纳学习中枯燥的部分，理解孩子的感受，比如对孩子说："我知道，有时候学起来感觉很难、很累，这很正常，就像爬山一样，爬着爬着你就会感觉越来越轻松，就会找到乐趣。"其实，即使那些优秀的学生也会在学习中遇到障碍，也会有厌倦、懒惰、拖延的时候。"不用着急""有的是时间""我现在放松一下，等会儿再学"……这些消极想法是孩子们的通病，当学习不那么容易时，孩子要与各种观念、疑虑、焦躁、担心、不安、难受作斗争，这是一个不断反复的过程。

优秀的父母知道自律的重要性，通过自律可以摆脱惰性，克服脆弱，养成勤奋、坚毅的好品质。父母要明确告诉孩子什么是自律，该怎么做，并努力培养孩子自律的习惯。

**自律就是去做该做但不想做的事情。** 比如该学习的时候，即使提不起一点儿兴趣，也要坐在书桌前。反复这样做，孩子就会在不知不觉中真正地开始学习。

**自律就是去做该做但不习惯做的事情。** 有人在无足轻重的事情上浪费了太多精力，在重要的事情上反而没有了力气。

**自律就是不做不该做的事情。** 做任何事情都要付出代价，要想变得优秀，就必须牺牲部分享乐时间。倘若等到心情好时才去努力，那就永远不会优秀起来。

所以，引导孩子学会在自己不愿学习时，不要过多地考虑自己的感受，直接坐到书桌前开始学习——只有开始学习，才能越学越顺。许多父母过于重视孩子的感受，不爱学就不学，孩子就丧失了许多努力的机会。

5.**持续努力**。学习需要坚持，持之以恒地努力。许多人觉得自己学会了，之后就不愿再学了，但教育心理学发现，要想达到最佳学习效果，要在掌握之后再用原来所花时间的一半去巩固强化，使学习程度达到150%。也就是说，不仅要学会、掌握，还要达到"熟练"的程度——我朋友在教林林时，也是如此要求的。不要在刚刚学会时就放弃努力，要练到非常熟练才行。而且学完之后，也要及时复习，才能取得更好的效果。努力不是铆着劲儿跑一阵子就歇歇，而是要把努力变成一种常态、一种习惯，这对于孩子将来的学习和工作都非常有益。

培养孩子养成良好的生活态度，骨子里有上进心，不期望不劳而获。这样，孩子就更可能持续努力，成绩好也是必然的。

# "我什么都不想干"

### 暮气沉沉的健健

有位女士带着儿子来找我咨询。孩子叫健健，今年上初二，但他和"健健"这个名字差别有点太大，个子矮小、身形消瘦，看上去有点儿营养不良，而且精神状态欠佳，缺乏这个年纪的孩子应有的朝气，甚至有点"暮气沉沉"，坐在那里，胆怯地缩成一团，都不敢抬起头来看我一眼。我让妈妈先说一下情况。

妈妈在健健小的时候开饭店，基本上没怎么管过他，都是孩子奶奶在帮忙带。结果，上了小学之后，孩子学习一塌糊涂，经常被请家长。健健妈这才意识到自己有点忽略孩子了，于是把饭店交给孩子爸爸，自己专心辅导孩子。健健小时候经常玩儿手机，以致他注意力不集中，学习一直很困难——他学东西特别慢，背东西也相当费劲。在妈妈严加辅导下，他小学还勉强能跟上，可是上了初中，科目增多了，健健就更吃不消了。他现在变得越来越胆小，甚至不愿出门跟同学玩，还怕跟老师说话。考试前几天就开始紧张，吃不下饭，睡不好觉，担心自己考不好；在考场里就更紧张了，手发抖、心跳加快、脑子一片空白，即便会做的题目也做不出来，成绩自然也不理想。

回到家，健健就自己一个人闷在房间里，说是学习，但好像经常只是躺在床上发呆，非常消极，经常跟妈妈说："活着有什么意思啊！没劲！"一次两次还好，他经常这样说，妈妈就开始有点害怕了，担心儿子有什么想不开的，于是带他来找我咨询。

我看看健健，问他有什么喜欢做的事情吗，他说："没什么喜欢的。"我问他喜欢打游戏吗，他说："无聊，没意思。"

在交流中，我感觉健健有些抑郁倾向，没有什么事情能让他开心起来，也没有什么目标和追求。这种状态真的挺危险。

对抗抑郁最好的方式就是运动，先想办法运动起来再说。我建议健健妈妈每天带孩子出去走走路，散散步，假期带着孩子出去旅行或者远足。运动能让人体内分泌一些快乐激素，有助于孩子兴奋起来，找回一点生命的激情。妈妈带着他去爬了长城，他站在长城上吼了几嗓子，这让妈妈觉得他似乎找回了一点力量。回来后又经常带他一起去爬周边的山。

孩子在生命中缺乏价值感，父母可以先从让他服务别人开始，让他看到自己的作用。比如吃饭时让他帮忙分碗筷，然后家里人对他表示感谢，虽然很简单，却能让他感受到自己的价值。恰巧，邻居家孩子正在学跳绳，他妈妈不会教，就请健健帮忙教，他答应了。每天出去带着小弟弟跳半个小时绳，后来真的教会了，小弟弟专门过来谢谢他，他腼腆地笑了，看得出来挺有成就感。

学习方面，我建议他妈妈先不对他做过多要求，但是要积极地给予帮助，注意发现他喜欢的学科，引导他学习的兴趣。他比较喜欢学地理，妈妈就给他买了许多地理方面的科普书籍，他没事了就研究研究。期中考试时，他的地理进了全班前十，这一下子让他信心大增。学习的状态比之前积极了不少。

我还建议他妈妈要多和他聊天，问问他最想做什么事，而不是给他安排任务。如果他想做的事情和应该做的事情冲突，要站在理解他的角度帮他想办法。比如，有时他晚上不想学习，就想躺着，那就早点休息，早上早起一会儿再写作业。

渐渐地，健健的状态好了起来，最后一次来见我的时候，他很认真地对我说谢谢，脸上露出了大男孩那种羞涩的笑。

小学高年级到初高中阶段，许多孩子在学业上找不到成就感，渐渐地，就放弃了努力，沉浸在感官的享受当中，只想着吃喝玩乐，没有目标、没有方向，甚至连好奇心也没有。孩子找不到人生的价值感，久而久之就会出现类似抑郁的表现：对什么都没有兴趣、感觉活着没有意思、干什么都不快乐、没有劲头、不想努力、不想与人交往、什么都不在乎……家长要密切注意孩子的心理状态，如果真的出现这些情况，要反思自己的家庭教养方式，尽快帮孩子从这种类似抑郁的状态中走出来，至少先找回一些对生命的热情，再来谈学习的事情。以下要求方式会有帮助。

## 要求锦囊一：运动

运动是对抗抑郁的良药。人一旦抑郁就会变得懒惰、无力、低落、苦闷，生命失去活力，整个人都不愿活动，这时候需要走出去，运动起来。

最简单的运动就是跑步，一圈一圈，当身体开始出汗，呼吸变得急促时，人就会暂时放下心中的负担，应付眼前的困难，这就是运动转移法——身体受到强烈的刺激，思想就会停止。竞技类运动也有助于人从思维中解脱出来。比如打球，无论是乒乓球还是羽毛球，都具有攻击性和挑战性，需要去打败对方，需要努力接起每一个打过来的球，这时人的思维会集中在球的运行上，考虑如何才能击败对方，所以焦虑、抑郁的思维也会停止，全力以赴投入运动。

运动能够调节人体机能，促进血液循环和系统修整，使机体恢复正常运行，血流加快，排泄增多，新陈代谢速度加快，多巴胺、内啡肽等快乐激素也会分泌得更多，整个人会兴奋起来。

例子中的健健爬上长城后，大吼几声，也说明他开始试着将内心的郁闷释放出来，这是一个积极的开始。

## 要求锦囊二：找到价值感

人需要体验到价值感才有活下去的信心。"一无是处""活着没有意义"，会让生命陷入虚无。因此，要想办法让孩子感受到价值感。

价值感分两种——自我价值感和社会价值感。当孩子在学业方面找不到成就感时，自我价值感很难建立起来。父母要善于创造机会，经常对孩子表示感谢，让孩子感受到自己能为他人带来的价值。例子中的健健通过帮助邻居小弟弟学习跳绳，感受到了帮助别人的快乐和价值。

如果在学习中一时难以找到成就感，可以尝试先在其他方面提高孩子的自我价值感，比如球打得很好、跑步很快、跳绳很快、橡皮泥捏得很好、很会折纸、画画很好、很会唱歌……总能找到一项孩子比较擅长的活动，让孩子全情投入进去，投入的过程中，会产生"心流"的体验，这会让孩子的自我价值感得到极大提升。

现在有些家长过于关注孩子的感受，总是把"喜欢"这个词挂在嘴上。

要引导孩子明白"好孩子应该做什么"——即便感受不好，该做的事情还是要做。这能培养孩子的责任心，同时，也能让孩子在开始做一件事之后慢慢找到自己的兴趣，感受到热爱，从而获得成长感和价值感。

## 要求锦囊三：增加孩子的掌控感

有一档综艺节目叫《告诉世界我可以》，其中一期讲到杭州一个6岁小女孩甜心，她上了10个兴趣班：主播、模特、英语、滑冰、画画、舞蹈……周一到周日满满当当毫无空隙，有几天还得连轴转赶场子。

早上8:30，甜心就已经在做数学题了，妈妈则不停地围绕在女儿周围，一会儿纠正孩子的坐姿，一会儿不解地问"这道题目都做不出来？"一会儿掐着表催促，"再过5分钟我们就得出门了！"

甜心上培训班时，妈妈就在手机上制定第二天的培训计划，日程被细化到每分钟。

上完两个培训班，好不容易回到家，轮到爸爸上阵陪玩乐高。爸爸故意把甜心拼好的乐高拆了，骗女儿说是自己不小心碰坏的，目的是测试女儿的耐心。原来，玩乐高也不是为了让女儿放松，而是因为拼乐高能锻炼专注力。

甜心在这样的安排下，表现如何呢？

当别的孩子认真上课的时候，她始终紧皱眉头、心不在焉；哪怕是唱歌跳舞做游戏，也丝毫提不起她的兴趣。

节目里有个特别的设置叫"树洞"，孩子可以跟树洞说悄悄话。甜心是这样回答树洞的问题的：

"你平时喜欢妈妈在家吗？""不喜欢。"

"为什么不喜欢？""因为妈妈不在家时，我还可以玩一会儿。"

"你觉得爸爸妈妈是什么样的人呢？""不好的人。"

"你刚刚一直在叫妈妈'假妈妈'，那你的真妈妈在哪里啊？""真妈妈丢了。"

相信甜心的父母做出这种种安排是出于爱。他们或许有些极端，但也反映出现代一些父母的普遍心态：孩子度过的每一分每一秒，都应该有意义，不能被浪费——这会让父母走向"鸡娃"的道路。但"鸡"出来的娃反而更容易抑郁、脆弱。父母以为，帮孩子把一切安排好，孩子什么也不用操心，就不应该有压力。可实际上，失去掌控感，可能是最让人有压力感的事情。

曾经有一个上大二的女孩来咨询，她说自己活得很憋屈，总是想哭，暑假在家的时候看到一瓶农药，曾经想一喝了之。交流之后得知，家里对她管控得太多，她说她都21岁了，却什么事都不能自己决定。出去买衣服时，自己看中的衣服，妈妈总是说不好看、不让买，必须买妈妈给选中的；姥姥从小把她带大，和她一家人生活在一起，关于她的任何事姥姥都要管，她从家里回到学校宿舍之后，必须打电话向姥姥汇报，姥姥还必须要她同宿舍的同学听电话，确认她是真的回到了学校。

所以，要想办法增加孩子的掌控感，激发孩子的内驱力，让孩子找回生命的动力。增加孩子掌控感的方法有很多，比如让孩子自己制定学习计划，父母只作协助，这会让孩子对自己有一定的掌控感；假如孩子决定先玩再写作业，也可以让他尝试一下，并承担自己行为的后果，这是锻炼孩子的极好机会。

父母要把握好界限，孩子的事情可以让他自己决定，比如吃什么饭、买什么衣服、穿什么衣服、留什么发型等；家里的一些事情也可以适当交由孩子掌控，比如外出旅游前，先开个家庭会议，共同商讨出游计划，然后把这次旅游的总负责权交给孩子；也可以尝试给他1000块钱，让他自己来掌控，决定怎么花费，孩子的积极性和责任心就会被充分调动起来。

多给孩子选择的机会，把决定权交还给孩子，学会示弱，让孩子多说，父母少说，久而久之，结果就会大不一样。

## 要求锦囊四：设定挫折的"暂停键"，培养"修复力"

孩子陷入抑郁的诱因往往很简单，日常生活、学习中的挫折可能成为他们过不去的坎儿：

- "我的成绩从来没有好过，我是一个废物，样样不如别人。"
- "考试没有考好，没有脸见父母。"
- "对不起，让你们失望了，我没有成为你们的骄傲。"
- "为什么我干什么都不行？妈妈对不起。"

因此，我们应该对孩子做好挫折教育。挫折教育不是人为地为孩子制造挫折，因为孩子在成长的过程中，会自然地遇到各种挫折。

挫折教育，需要从小培养"修复力"，设定"暂停键"。

当孩子觉得面前的难关真的过不去了时，及时按下"暂停键"能为他们带来希望的光——当他说出"生而为人，我很抱歉"时，耳边能响起"你是我心中的宝"；当他觉得"人间没意思"时，还能想起某个人、某件事，一下子觉得"人间值得"。

修复力指的是情绪疏导能力。抗挫折能力不像举重,看你一下子能承受多大压力;而更像泄洪,如果能及时将压力的洪水疏导出去,抗挫折能力就比较强。在孩子面对挫折时,父母开导他、帮助他修复情绪的方式,将成为孩子发展"修复力"的重要模板。

所以,在孩子心智还没完全成熟,还没建立起全面的价值体系时,让作为父母的我们成为他"人间值得"的理由,让孩子时刻感受到,即便成绩不好,他也是父母心中的宝,也是最可爱的孩子。当孩子情绪调节能力不够强时,父母要扮演好孩子情绪的外部调节器的角色,及时疏导孩子,让他从挫折当中尽快复原。比如,当孩子考得不好时,对孩子说:"没关系,爸爸妈妈看到你这段时间非常努力,咱们一起看看问题出在哪里。"

总之,对于有抑郁倾向的孩子,父母要有极大的耐心,认识到孩子得了"心理感冒",想办法让孩子恢复心理健康,找回生命的激情,然后再想办法提高孩子的学习能力。

## 回顾与思考

※ 对于学习能力不强，也不爱学习的孩子，父母可以通过以下几个方面提高其学习能力。

**要求锦囊一：找到成就感的突破口，换轨道**

1.倒退学。可以带着孩子从一年级的知识开始过一遍。

2.从最擅长的学科入手。问问孩子"你是怎么把这门学科学好的"，培育孩子的自信心，再将这种自信心迁移到暂时没有学好的学科中。

3.做好预习。预习是非常重要的学习方法。

4.及时肯定孩子的小成就。哪怕孩子做会一道题，背会一首诗，写会一个单词，父母都要及时给予强化和鼓励，让孩子体验到自己确实能学会、能做到。

**要求锦囊二：积极鼓励**

1.鼓励的时候，要非常认真。孩子能感受到你的重视。

2.谢谢他，并且夸奖他的用心，而不是他的聪明。

3.从小事出发，肯定他的本质，让他有"被看到"的感觉。以小见大，让孩子感觉"你说得很真诚"，他才更加信服。

**要求锦囊三：重拾对于努力的信心**

1.重新叙述对于学习的感觉。当他改变叙述的方式时，认知也会随之改变。

2.让孩子看到努力是有效果的。要强化孩子好的感受，让他相信是通过自己的努力取得的成绩，从内心深处觉得自己值得拥有好成绩。

3.讲述学霸的努力故事。父母在提到成绩好的其他孩子时,不要说别人有多聪明,一定要肯定好成绩背后的努力。

4.接纳学习中枯燥的部分。学习是枯燥的,也是充满乐趣的,我们要努力激发孩子的学习兴趣,同时也要接纳学习中枯燥的部分,理解孩子的感受。

5.持续努力。不仅要学会、掌握,还要达到"熟练"的程度。

**※对于那些对什么都没有兴趣、感觉活着没有意思、干什么都不快乐、没有劲头的孩子,他们可能具有抑郁倾向,父母需要先激发其生命的热情。**

**要求锦囊一:运动**

运动是对抗抑郁的良药。它有助于中断抑郁思维,帮助身体分泌快乐激素,调动对生命的激情。

**要求锦囊二:找到价值感**

从帮助别人中找到快乐,体验社会价值感;投入到自己喜欢和擅长的事情中,体验"心流",寻找自我价值感。

**要求锦囊三:增加孩子的掌控感**

帮助孩子制定学习计划时,多问问孩子的意见;家里的一些事情也可以交由孩子来主导;父母要学会示弱。

**要求锦囊四：设定挫折的"暂停键"，培养"修复力"**

让父母的爱成为孩子觉得"人间值得"的理由；父母还要当好孩子情绪的外部调节器，及时疏导孩子，让他从挫折中尽快复原。

试着找出孩子"做不到也不想做"的一个点，帮助他燃起激情、增强能力，并记录效果如何。

第 7 章

# 要求的最高境界是不要求，让孩子自动自发地成长

作为要求者，我们必须问自己几个问题：我的要求是不是有助于孩子走向独立？孩子长大后，离开我的要求，是不是依旧可以管理好自己的生活？是否依旧愿意用高标准去要求自己，追求卓越？要求不是目的，培养自动自发成长的孩子才是终极目的。

> 支持孩子看到更美好的自己,
> 这是我对自己这个"参谋"的定位。
> ——我培养儿子的心得

# 自动自发成长小孩养成记

如果一个孩子总要依靠父母给他提出这样那样的要求,靠父母管着才能做事,那他就不能算长大。因为他没有走向独立,没有听从自己内心的声音,活出他自己,充其量只能成为一个好的执行者,而无法成为自己人生的领导者。

一个独立的人,能不断给自己制定新的目标、提出新的要求,并且为此而努力奋斗。

我有个朋友的孩子,初中时老师管得很严,孩子学习成绩也不错,可是上高中后,学校更重视学生自主学习,教师管理得比较宽松,结果孩子的学习成绩一落千丈,最后只考了个专科。

老师管得严,孩子成绩就好;老师稍一放松,孩子成绩就下降。说明老师没有培养孩子学会自我管理。

父母的教育也是一样。许多父母喜欢盯着孩子,各个方面都要事无巨细地为孩子铺排规划,孩子只要按照父母规划好的路走就不会出大问题。这样的孩子,内心一方面会对父母充满愤怒,因为父母剥夺了他们按照自己意志自主成长的机会;另一方面又会十分害怕离开父母,因为他们不懂如何为自己规划生活,害怕离开了父母的要求,自己会走到错误的道路上去。

父母的要求最终要走向哪里?父母要经常问问自己,我的要求是不是有助于孩子走向独立?孩子长大后,如果离开我的要求,是不是依旧可以管好自己的生活？是否依旧愿意用高标准去要求自己，追求卓越，看到更美好的自己？如果答案是肯定的，那就说明父母的要求是成功的。

比较理想的要求之路应该是这样的：孩子小的时候，父母对孩子提出各种各样的要求，因为他们对于社会规则的认识、对于人生的理解和视野等比不上成人，父母需要履行监护人的义务，做好孩子人生的导游，帮助孩子理解和自觉遵守社会规则，参与适宜的活动，锻炼和增长能力，形成积极的行为习惯。这个过程就好比用火箭运载卫星——前期，父母像火箭一样给予孩子一定的助推力，最终目的则是要将孩子这颗卫星送到属于他的轨道，之后，孩子就会沿着人生轨道运转下去。即便没有父母的千叮咛万嘱咐，孩子也能自动自发地成长。

这是孩子从简单地依从于父母的要求，到认同父母的要求，再到内化为自己要求的过程。需要父母与孩子进行平等的对话与沟通，帮助孩子理解每一项要求的原因，并自觉自愿地按这些要求去做，逐渐形成自己待人接物的方式、价值观和符合社会规则的良好习惯，直到最后培养起自我管理能力，离开父母也能管理好自己的学习和生活。

以我儿子为例，见过他的人都非常欣赏他的成长状态。他待人真诚平和，乐于交往，热爱运动，会做家务，他能自我管理，认真完成学习任务，成绩优异。他清晰地知道自己想要什么，也会采用符合规则的方式努力争取，不需要我太操心。在他成长的过程中，我对他说的最多的一句话是："你做好你的事，我做好我的事。"我们各自负责好自己的生活。做父母的都希望自己的孩子一生幸福，现在我对他一点都不担心，因为他已经具备了管理好自己的能力。

在他成长的过程中，我对他有要求吗？答案是肯定的。一直到现在，我对他的要求都是努力成为更好的人，既要发挥好自己的潜能，努力实现生命的价值，也要尽可能为社会做出贡献——他在高二之后的暑假一直追问"人活着是为了什么？"最后，他找到的答案是：帮助他人！

我的要求好像有点高，但并没有激起他的对抗和逆反，因为这些要求已经内化为他对自己的要求，让他变成一个自动自发成长的小孩。下面我想回顾一下儿子成长的过程，希望能给大家一点启发。

## 尊重儿童心理发展规律和各年龄段成长需要

我毕业于华东师范大学教育系，科班出身的我非常了解儿童各年龄段成长的需要和认知特点，回想陪伴儿子成长的过程，我首先坚持的原则就是顺势而为。

儿子出生在金秋十月，刚满月我就给他做身体按摩，做主、被动操，两个月练趴，四五个月时做各种姿势的摆荡运动；我一直给他听各种音乐，再大一点就抱着他到处走，见到什么就唠唠叨叨地跟他说什么。五个月练习手部抓握，六个月练坐，八个月练爬，九个月他就能独自站立，然后会走、会跑、会跳。

儿子1岁以后，我经常带着他到户外接触大自然和各种人，发展他的大肌肉动作以及与自然、与人的亲近感，积累一些感性的经验。我不会花大量时间让他在家里阅读或者写字——阅读是间接经验，只是生活的一部分，对于幼儿来说，发展直接经验会更有助于他们成长。

运动是我非常重视的，因为我深知古代斯巴达教育中倡导的"先养兽身、后养人心"的道理，作为一个生物个体，儿童需要先进行身体的成长与建构，这是他们心理发展的基础。所以，我经常带他投沙包、扔石子、走路肩、跳方格、跳皮筋、学企鹅走、沿直线竞走、朝着指定目标快速奔跑、爬山、学兔子跳、踩树叶、踩影子、玩单双杠……各种运动玩得不亦乐乎。

在语言和艺术领域，我经常和他说话聊天，和他一起边听音乐边诵读朗朗上口的儿歌。儿子2岁多时，就经常被点名朗诵他熟悉的儿歌，他非常享受进行此类表演，会一边惟妙惟肖地做动作，一边吊着嗓子唱"大吊车—真厉害—轻轻地一抓就起来"。画画、捏橡皮泥、折纸、做各种手工，更是我们经常进行的游戏方式。

在科学领域，我会带着他观察清晨的露珠、蚂蚁、树叶以及路边的小花小草，陪他捉蜗牛、西瓜虫和金蝉，下雨天我们会穿着雨靴出去踩水，下雪天就打雪仗、玩窗花。他会跟着我做饭，帮我择菜，学着切菜，帮忙摆碗筷，玩水揉面……在日常生活中，我会随时随地满足他的好奇和探索的需要。

在社会领域，我几乎每天都会带他到小区广场与小朋友一起玩，有时我自己当"孩子王"带着一帮孩子在小区里玩各种游戏，孩子们也喜欢来我家，因此儿子的同伴交往特别多。

在我的眼里，任何一个小物件、小场景都可以成为好玩儿的教育资源，所以儿子跟着我不会无聊。他从小就不太哭，因为他可以做的事情太多了，一直兴致勃勃地在游戏和探索中发展自己的身体能力、满足自己的好奇心、获得知识和能力的增长。想想儿子学前期的生活，他经常是面带微笑、两眼放光、兴致勃勃地做着各种各样的事情，我想幸福的童年就是这个样子吧。

回想一下，儿子学前阶段和我一起从事的活动都出现在教育部颁布的《3~6岁儿童学习与发展指南》文件里，符合五大领域（健康、语言、社会、科学、艺术）的发展要求。这些活动顺应学前儿童的兴趣和成长的需要，因为我做对了，儿子就顺势成长得很健康。建议每一位养育小孩子的家长一定要学习《3～6岁儿童学习与发展指南》，一步步培养出身心和谐、全面发展的孩子。

进入小学之后，儿子的思维能力迅速发展，非常喜欢探索数理逻辑问题。我们就经常一起玩儿数学题，画图、分析，厘清题目里面的数理逻辑关系。给儿子讲题时，我一般都是蜻蜓点水，点到为止，然后留出时间让他思考，直到儿子一拍桌子，大叫一声："噢，我明白了！"这种启发式的引导更进一步地促进了儿子思维能力的发展。

我自己喜欢朗读，也经常带儿子进行朗读活动。我家有个舞台，我们会轮流上台去朗读各种优美的诗文。这种朗读游戏让他爱上了朗读，也提高了他的感受和理解能力。上小学后儿子经常被老师点名在班里领读。需要背诵的课文，他读着读着就背下来了。对他来说，语文学习也很轻松。高中毕业之后，儿子把他整理好的满满一大本正能量美文送给我说："妈妈，我知道你喜欢。"后来，我经常跟家长们分享让孩子学好语文的经验，就是多朗读。

儿子的学习效率一直很高，写作业速度很快，从小学到高中从来不会因为写不完作业而耽误睡觉。回想起来，高效学习和写作业的习惯也是我着力培养的。儿子刚上小学的时候，我发现他回家不愿意写作业，而且边写边玩。我开始思考怎么解决这个问题。我想到儿子从小就喜欢挑战，不仅挑战别人，还经常挑战自己，比如买一套新的拼图回家，他一般先看图分析，研究怎么拼，从不会到会，从玩得不熟练到熟练，然后我会计时让他来拼，每一次都鼓励他挑战自己，看是否比上一次完成得更快。这种不断挑战自己的游戏让他很有成就感。于是，我引导儿子给自己定一个写作业的计划，先把所有要完成的作业都一项一项列出来，再在每一项作业后面列出自己预计的完成时长。然后就像百米赛跑一样，预备、计时开始。这时他就会像考试一样飞快地、全力以赴地向作业发起进攻。每完成一项作业（我们一般建议他从自己最喜欢的科目做起），他都会猛拍一下桌子，这时我马上看表，告诉他完成的时间。这时他会非常有成就感地在刚完成的作业前面打一个"√"，把实际用时写在计划时长的后面。一般情况下，他都能挑战成功，多出来的时间就由他自己支配。就是用这样的方法，儿子获得了三个重要的学习品质：更好的专注力，更高的做事效率和乐于挑战、不服输的性格。

如果作业完成得不够好或不够快，我们还会一起分析原因，寻找解决问题的对策，确定下一次要怎样做。

要经常将学习的内容与孩子的生活相联系，才能激发孩子的乐趣。学了高中生物课程中的遗传规律后，儿子知道一个人单眼皮或双眼皮是遗传而来的，我们就把所有熟悉的亲戚朋友分析了个遍，来验证这个规律。学了物理学的电路后，我就鼓励他从小家电中拆下一些零件，自己制作电路。化学实验也经常会在家里进行。对儿子来说，这都是玩的过程。在我们家里，玩和学从来都不是对立的，玩中有学，学中有玩，学习是一种更高级的玩，能玩出水平那才叫本事。"玩学习"是我一直以来倡导的学习观，也是我们对待学习的态度。现在，我们甚至把工作也当作玩的过程，这是人生的一种大游戏，乐在其中。

遇到问题就解决问题，培养良好的学习态度和学习习惯，一直是我培养儿子的重点。他写作业速度快、学习效率高，经常能在学习中获得成就感，因此，儿子的学习状态一直很轻松。

### 信任、放手，成就孩子自律的品格和自我管理能力

信任的力量是巨大的，有时候一个信任的眼神，就能激发一个人的斗志，因为信任意味着认可和肯定，会给对方积极奋斗的能量，让他想尽一切办法把事情做好，尽己所能不去辜负这份信任。

也许是性格的原因，我一直乐观地相信我的儿子不会差。在儿子成长的过程中，我处处表现出对他的信任。

儿子小时候，在路上遇到一道小沟坎，伸手找我抱时，我会先给他示范怎样站到沟边，双膝下蹲，再猛地飞身跳过，然后告诉儿子，"相信你也可以"；当儿子爬上高高的攀登架，哆嗦着想要放弃的时候，我会告诉他："手抓牢，脚踩稳，相信你可以。"我的信任让儿子一次次克服内心的胆怯与紧张，成功完成对他来说非常有难度的动作。

在我的鼓励下，儿子非常喜欢运动，是学校运动会上的长跑健将，乒乓球、篮球、台球等各种球类他也都喜欢玩，上大学之后开始喜欢徒步、登山、滑雪。我深知这种在大自然中进行的运动具有一定危险性，作为母亲，我不可能一点担心都没有。有一次儿子回家休假期间，我把他叫到身边非常认真地对他说："我和你爸爸只有你一个孩子，我们承担不了意外，所以，希望你出门在外，不管什么时候都要照顾好自己的安全，做有挑战性的运动时要做好判断，一定不要逞匹夫之勇，你能理解吗？"儿子看着我，郑重地点了点头。以我们一直以来形成的默契，我知道我可以完全信任他。所以，他一个人在香港读书、工作，还经常去世界各地旅游，我都相信他能照顾好自己。

在学习方面，儿子养成好的学习习惯之后，我就不太过问他

的作业了。只是建议他不要把手机带到学习的房间里，他觉得这个建议不错，经常照做。对他学习和写作业的细节，我们是不会过多干涉的。从小到大，我一直强调每个人都要做好自己的事，所以，他一定会负责任地完成好自己的学习任务，而且他对自己学习成绩的要求还是非常高的。高考前，为了减轻他的压力，我对他说："你考什么成绩我都不在乎。"他看了看我，说："你不在乎我在乎！"

高考完之后，儿子才告诉我，他并不是一直都在学习，每天至少有1个小时的时间在做自己喜欢的事情，比如写写日记、读读美文之类的。在"眼前的苟且"与"诗和远方"这两个方面，他平衡得不错。

儿子高中时喜欢上一个女孩。我和他爸爸知道后，没有说太多，只是告诉他："不要急于确定是不是男女朋友关系，否则对彼此都是一种束缚，可以当成好朋友去交往，互相鼓励，共同进步。"高考之后又谈到恋爱的话题，我对他说："你们这个年龄正处在人生的爬山阶段，谈恋爱的原则是不能耽误她的发展，也不能影响你的发展，这才是一种健康的恋爱关系。"之后，我就信任他自己能处理好，感情问题也确实没有影响他的学习和成长。

在儿子成长的过程中，我只是把原则性的要求提给孩子，然后就相信他自己可以做好。但后来发现，并不是所有的妈妈都和我一样，有些妈妈对孩子掌控得很多。

有一年暑假我邀请朋友的儿子和我们一起到海边度假，我朋友开始有些犹豫，她说不放心儿子去海边，因为水火无情，怕有危险，除非到海边后不让他儿子下水。我当时非常不理解，他儿子已经是15岁的大男孩了，1.86米的大个子，到海滩下水玩玩会有什么危险？而且正值炎热的夏天，到了海边怎么可能不下水？我反对她说，"告诉孩子安全注意事项就行了，相信孩子能照顾自己的安全，而且我们也会关照和提醒他不到深水区"，她还是不放心，反复地说不能让孩子下水，还隐晦地说，"万一出现意外……"说到最后，我都有点紧张了，因为我想起"担心是诅咒"这句话。

后来我们还是带着她儿子一起去了海边，实际情况是，小伙子做事非常谨慎，当涨潮的海水还没有到他的胸部时，他就开始往岸边移动了。

而这位妈妈，在我们游玩期间一打电话来还是反复说不能下海，和儿子通电话也是不断叮嘱不能这样不能那样，明显不信任孩子。后来，这个小伙子一听到她妈妈给我打来电话，就马上快步走开。

我能理解这位妈妈的担心，但她不信任孩子、时刻想掌控孩子的做法，确实影响了孩子自我管理能力的形成与发展。

### 高标准，严要求

有些人不想让自己太辛苦，总是抱有"差不多就行了"的人生哲学，而我却倾向于认为，每个人对自己的人生都是负有责任的，要让自己的生命潜能发挥出最大的价值。高标准、严要求，不断挑战自己，是我自己做人做事的标准，在教育孩子时，我也坚持同样的原则。在儿子成长的过程中，我总是鼓励他挑战自己——每次爬山我们都会努力爬到山顶；几个小朋友跑步，我会鼓励他争取跑得更快，在操场跑圈要一次比一次跑得更多；玩拼图要一次比一次用时更短；在学习方面，当他取得了一定成绩，我在为他庆贺的同时，也会鼓励他继续自我超越。我常常问儿子："你敢不敢考一百分？敢不敢考一次第一名？"孩子听到这，总会勇气倍增，想尝试一下考第一名的滋味。当然，达不到也没关系，我们会一起讨论，引导他分析自己还有多大差距，用什么方法才能不断提高自己。这种引导让儿子一直保持不断成长的动力，一直走在更优秀的路上。

许多人不愿和比自己强的人交往，觉得那样会显得自己很差，但我一直鼓励儿子与成绩更优秀的小伙伴相处，取长补短才能提高自己——儿子在这个过程中学习了不少经验，各科成绩都有不小的进步。

## 孩子是"将军"，家长是"参谋"

在儿子成长的过程中，他是自己人生的"将军"，我们只是"参谋"。我好像很少单方面制定什么要求，一般都会问他："你想要吗？"如果儿子点头，那我们就一起制定目标、列出详细计划，并一步步去执行；还会经常一起复盘总结，梳理距离目标还有多远，怎样向目标靠近，如何克服困难，怎样解决问题，实在不行就调整计划。所以，儿子从小就非常清楚自己想要什么，以及如何去达到自己的目标。

我们做得最多的就是帮助他一起想解决问题的办法。

比如，儿子考试失利了，我们会和他一起详细地分析试卷，将试卷上的错误分类，然后讨论针对性的解决方法。如果是因为有题目不会做而丢分，我们会和他商量怎么才能学会——是他自己再学习一遍书上的内容，看一下例题，还是请我们给他讲一讲？我们一般鼓励他先自己想办法解决，如果还是做不出来，我们才会给他分析和讲解。但讲解时，我们不会告诉他答案，而是想办法引导他一字一句地读题，理解题面的意思，分析题目中的逻辑关系，思考怎样从已知到未知，找到思考问题的方向和解决问题的路径，这个过程常常以儿子恍然大悟地说："噢，我明白了！"结束，然后他会自己得到答案。他上初中和高中时，我们也不会那些题了，他就会在自己怎么思考和研究都解决不了的情况下，选择去请教老师或学得更好的同学。

如果在分析试卷的过程中，发现有一些题目他是会的，但是没有得到分，我们就会一起分析更具体的原因——有时是他列算式时抄错数字（题目中明明是5，他却写成了3），虽然计算步骤都是对的，但结果却错了。儿子拍着大腿，后悔不已。这时，我们不会反复要求孩子以后要细心，也不会在儿子说"我以后一定细心点儿"的时候止步，因为经验告诉我这些说教和保证都不管用。我们会继续讨论，"以后怎样才能避免同样的错误再次出现？"最后儿子会告诉我："以后我列完算式，马上看一眼题目里的数字，确认都抄写正确再往下算。"从那以后，抄错数的问题才得到解决。

还有一种错误是儿子算式列对了，但中间计算错误，导致结果不对。这个粗心的顽症，相信很多家长都遇到过，也反复告诫孩子细心一点，孩子也反复保证，但常常无法真正解决问题。一直到高中，学生仍然有大量的计算任务需要完成，而考场上是不能带计算器的。我儿子在高考的前一年还在为这个问题烦恼——明明会的题却拿不到分，怎么办？我们就这个问题多次进行讨论，研究过各种办法，后来发现，儿子计算错误的情况越来越少，会的题目基本都能拿到分。我问儿子是怎么做到的,他告诉我,他自己总结了一个"回查"的方法,就是每计算一步,迅速回看上一步,确认没问题再往下算,这种回查可能只需要0.1秒,这可比计算到最后发现不对,再回来检查省时间多了。

就这样,我们一直关注孩子,与他建立朋友式的沟通,和他一起分析成长和学习过程中各种大大小小的问题。时间久了,我们都形成了一种习惯,喜欢遇到问题,一遇到问题,我们就先想办法把问题明晰化,确定问题到底是什么,再一起探讨、商量着找到有效的解决办法。最后,我们肯定能享受到挑战自己、解决问题的成就感——人生不就是这样吗?不断遇到问题、解决问题,人就是在解决问题的过程中不断成长的。

遇到问题,我们绝对不会说"我已经尽力了",而是要问"这个问题解决了吗?""还有没有其他解决问题的方法?"因为我们深信,他一定可以做得更好。

我很享受"参谋"这个职位,在他一路成长的过程中,也没有出现过对父母的强烈逆反,即便上了大学、工作了,我也依旧还是他的"参谋",或者更准确地说,是朋友。

前段时间,他正在一边工作一边准备精算师考试,那门考试非常难,很多人第一次都考不过,我有些担心地对他说:"你一边工作一边学习,一定很辛苦,但还是要好好努力呀!"他说:"我知道,你们不也一直在努力吗?"是呀,我和他爸爸都已经年过半百了,却还感觉每天都精神百倍,因为我们找到了自己人生的使命所在:传播科学的家庭教育理念和方法,让更多孩子和家庭受益。我们每天都被这种使命感激励着前行,这对孩子也是一种精神上的引领吧。

# 变父母的要求为孩子的自我要求

在要求方面,我做对了哪些事,才让孩子愿意把我的要求变为他的自我要求呢?

## 要求锦囊一:把要求建立在孩子兴趣和需要的基础之上

看起来,我一直没有明确地要求孩子必须做到什么,必须怎么做,但我对儿子的要求融入日常生活的点滴,融入一起做事、对话、协商、鼓励他不断挑战的过程中——我和他一起在小区广场奔跑和跳跃,引导他在运动中感受快乐;我给他示范怎样跳过那道对他来说有点难的沟坎,然后鼓励他克服恐惧,自己成功地跳过去;在他爬肋木架时,我告诉他"手抓紧、脚踩牢",然后在他身后保护和鼓励,直到他成功翻越;在他想玩手机时,我和他坐下来沟通,商定关于玩手机的契约;在他做错会做的题目时,我一遍遍地与他讨论用什么办法解决抄错数和计算错误的问题,然后鼓励他不断尝试,直到有效地解决问题;在他考到班级第五名时,我问他想不想品尝一下当第一的滋味,鼓励他不断超越自己……

这些要求不生硬,顺理成章,自然而然地出现,他甚至一直感觉是在遵循自己的要求做事呢!

## 要求锦囊二：把要求解释清楚，与孩子协商后达成一致

当然，不是所有的要求都能像上面那样"润物细无声"，必要的时候，我也需要和孩子讲道理，让孩子明白某个要求背后的原因是什么、为什么要这么做，让孩子不仅知其然更知其所以然，孩子理解了、认同了，就能很自觉地去做了。

当然，也有讲不通的时候。这时，我就会与他协商，在充分考虑他的意见之后，重新制定新的目标和要求，达成一致再来具体实施。

许多父母会被《牵着一只蜗牛去散步》这首小诗感动，认为不应该要求孩子，而应该跟随孩子的脚步，尊重孩子的节奏。但回到现实生活，父母的行为就和观念分裂了——因为担心孩子营养不良而逼孩子多吃青菜，因为担心孩子的未来而不停地催孩子多学一点……我的老师，华东师范大学的朱家雄教授在一次讲座中对这首小诗进行了全新的分析，让人深受启发。他说这首诗"给出了新的思考角度：牵着蜗牛去散步和跟随蜗牛去散步都是不对的，而是要通过对话与协商，引导蜗牛主动、积极地朝着正确的方向爬去"。

同理，父母不能单方面向孩子提要求，也不能一点要求都不提，全部听孩子的，而是要通过沟通对话、共同协商，制定出双方都同意的、合理的目标，引导孩子走向正确的、自主发展的轨道。我就是这样做的，所以儿子在我的引导下，达到了自主成长。

### 牵着一只蜗牛去散步

上帝给我一个任务，叫我牵一只蜗牛去散步。

我不能走太快，蜗牛已经尽力爬，为何每次总是那么一点点？

我催它，我唬它，我责备它，蜗牛用抱歉的眼光看着我，仿

佛说:"人家已经尽力了嘛!"

我拉它,我扯它,甚至想踢它,蜗牛受了伤,它流着汗,喘着气,往前爬……

真奇怪,为什么上帝叫我牵一只蜗牛去散步?

"上帝啊!为什么?"天上一片安静。

"唉!也许上帝抓蜗牛去了!"

好吧!松手了!

反正上帝不管了,我还管什么?

让蜗牛往前爬,我在后面生闷气。

咦?我闻到花香,原来这边还有个花园,我感到微风,原来夜里的微风这么温柔。

慢着!我听到鸟叫,我听到虫鸣。

我看到满天的星斗多亮丽!

咦?我以前怎么没有这般细腻的体会?

我忽然想起来了,莫非我错了?

是上帝叫一只蜗牛牵我去散步。

## 要求锦囊三:让孩子尝到甜头

孩子一开始愿意听从父母的要求,极大一部分原因是出于信任;但下一次他是否还愿意去做同样的事,就取决于孩子按照父母的要求做了之后,感觉如何。如果孩子感觉不好,比如在达到要求的过程中感觉太累,或者按照父母的要求去做,但没有得到自己想要的结果,那他很有可能就不愿意继续了；如果达到要求的过程很开心或很有成就感，那么孩子下次还会继续努力，甚至乐于挑战更有难度的目标。

我儿子小时候曾特别讨厌听写，因为听写时他每次都错几个。后来，我变换了方法，听写前先让他用手书空，或者用嘴说一说某个字怎么写，以确保他都掌握了，然后再给他听写，他很容易就能全对，非常开心。后来，他会很开心地主动来找我听写，对听写也不再讨厌了。

总之，如果父母选择了正确的方法，孩子不仅愿意听从父母的要求，还愿意将父母的要求转化成对自己的要求，接过接力棒，继续跑下去！

# 培养自动自发成长的孩子

英国著名心理学家西尔维亚曾说:"这个世界上所有的爱都以聚合为最终目的,只有一种爱以分离为目的,那就是父母对孩子的爱。父母真正成功的爱,就是让孩子尽早作为一个独立的个体从你的生命中分离出去,这种分离越早,你就越成功。"父母的要求,也要以孩子离开父母后,仍能自动自发地成长为目标。

如何才能做到呢?美国心理学家马丁·塞利格曼在《活出最乐观的自己》中,提到了成功做事需要的三个因素:动机、能力和坚持(图4)。如果一个孩子有意愿、有能力,还能坚持行动,他的成长系统各个方面都完备,是一个体系完善的小宇宙,自然就会自动自发地成长。

将这三方面分解成可以直接操作和培养的因素,相信就可以培养出自动自发成长的孩子。经过长期思考和研究,我们提出了下面的心理学模型。

动机就是意愿,由孩子的自我意识决定。通俗来讲,自我意识就是自己对自己的认识,它是人格形成的"旋风眼",使人格的各个部分形成有机的整合体。我们常讲的自我概念、自我评价、自我体验、自我监督和自我调节等都属于自我意识的内容。可以说,良好的自我意识是一个人发展的核心力量,是个体自动自发成长的基础。当一个人有良好的自我概念,自我评价比较积极,自我体验比较好时,他就能够做到自我监督和自我调节,努力维护

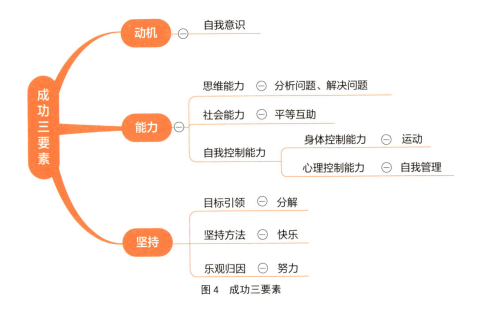

图 4　成功三要素

心目中的自我概念。比如，如果一个人觉得"我就是非常优秀的人"，那么他就会时时处处以优秀的标准去要求自己，做事精益求精，力争上游，追求卓越，根本无须父母在后面监督和催促。

能力分为三个方面：思维能力（智商）、社会能力（情商）和自我控制能力（自控力）。

思维能力包含的方面比较多，诸如记忆力、逻辑思维能力、创造力、分析问题和解决问题的能力等。其中，分析问题和解决问题的能力是核心。

社会能力也包含很多方面，比如表达能力、沟通能力、同理心、社交技能等，具备了这些能力，孩子与人打交道才会游刃有余。家庭就是一个微缩的社会，如果家庭生活也能按社会规则行事，在亲子互动中也能遵守正常的人际交往规则，儿童长大后进入幼儿园参与集体生活，就能自然顺利地过渡。

自我控制能力分为身体控制能力和心理控制能力。身体控制能力比较显性，容易观察到，诸如走、跑、跳、投掷、平衡、感觉统合等能力，我们应该充分认识到运动对个体成长的重要性，尤其对婴幼儿来说，通过运动促进感觉统合，提高身体控制能力和灵活性，就会增强孩子的信心，促进婴幼儿自我意识的发展。心理控制能力则比较隐性，诸如控制情绪的能力、专注力（控制意识的能力）、意志力、自我管理能力等，其中，自我管理能力是核心。

要想成功做事，不仅需要意愿和能力，长期坚持也是必要的。许多人能力很强，也想做事，可缺乏坚持性，虎头蛇尾，让一个个目标走向"流产"的结局。坚持主要分三个方面：目标引领、坚持方法和乐观归因。

目标具有引领作用，也能带动人们坚持，但如果目标过高、总是达不到，就容易让人灰心丧气，进而放弃。因此，教孩子学会将目标分解，经常让自己获得成就感，完成一个目标再朝下一个目标努力，孩子就更容易坚持。

坚持的方法也很重要。我不推崇让孩子过于吃苦，所谓的"咬牙坚持"可以用在某个特殊时刻，比如跑马拉松，马上就快到终点了，感觉腿像灌了铅，已经迈不动步时，可以咬牙坚持一下，跑过终点完成目标；但这种坚持不能长久使用，因为那会让人长期处于压力状态，影响健康。我喜欢健身软件"keep"中的一句话："跑得轻松才会跑得足够远。"教会孩子用一些方法让自己感到轻松，坚持就不是一件非常困难的事情。

还有一个影响坚持的因素就是归因。如果一件事情暂时不成功，什么原因？如果孩子将其归因于自己没有天赋或者运气不好等不可控的因素，或归因于自己的性格等很难改变的因素，很有可能就会放弃努力。但是如果孩子将失败归因于自己努力不够，那么很有可能就会继续坚持努力，直到成功。

人的发展是一个不断建构自我，同时又不断自我建构的过程。教育应该以建构良好的自我意识为核心，发展人的各项能力，并学会坚持。发展能力、学会坚持，归根结底也是为了建构良好的自我意识，通过感觉"我能行""我很可爱""我喜欢"而让孩子感觉自己是一个很有能力、有价值、对许多事情都充满了热情的人，从而愿意为了过上自己想要的生活而努力。

有的父母在教育孩子的过程中，只注重孩子能力的发展，或者单纯让孩子无谓地坚持，而忽略了让孩子建构良好的自我意识，这就有点本末倒置——逼着孩子学习、强迫孩子练琴，即便孩子掌握了技能、发展了能力，但如果孩子对学习、音乐没有一种亲近的感觉，他也不会主动去学习、去弹琴。因此，要想变父母的要求为孩子的自我要求，父母需要时刻牢记以发展孩子的自我意识为中心。

## 动机培养的核心要点

### 一、顺势而为，形成良好的自我体验

顺势而为，指的是父母的要求要符合儿童的身心成长规律，满足儿童的心理发展需要，和儿童生命自然的成长动力一致。如此一来，孩子会有良好的自我体验，感觉很愉快；他会感觉自己是"对"的，也愿意听从父母的要求；当父母没有提出要求时，他只要听从自己内心的声音即可。因此，他会生活得比较自在。

针对社会规则方面的要求，父母要认识到，社会规则虽然在某种程度上是对人的约束，但实际上是为了维护整个社会的良好秩序而制定的——最终还是为了满足每个人的需要。拿交通规则来说，它规定了人们不能随便横穿马路、不能任性开车，这才保障了人们可以正常出行。如果没有这些规则，恐怕人们将寸步难行。因此，父母不要只是简单地要求孩子必须遵守某个规则，而是要让孩子"知其然更知其所以然"，让孩子看到某些限制背后的意义，从而愿意自觉约束自己的"任性和随性"，将父母的要求（也就是社会的要求）内化为自己的要求。

针对个人成长和发展方面的要求，父母更要顺应儿童成长的规律。比如，在幼儿阶段，我不会强制要求压根坐不住的儿子花大量时间去阅读、写字，而是顺应他的喜好，带着他去运动、探索、做事，学着与人交往，积累感性经验，促进他五大领域的协调发展。

哪些需要是儿童成长过程中最重要的呢？答案是，孩子最乐意做的事。即便没有学过儿童心理学，只要仔细观察，你也会知道孩子整天在做什么。总结来看分为三个方面：运动、探索和自己做事。

### 运动

孩子一出生，就开始使用自己的身体进行运动和探索。运动是孩子的一种成长需要，在运动的过程中，他们使用自己的身体，感受到自己身体的能力，与身体建立起一种和谐的关系。运动能力的发展分为走、跑、跳、投、平衡、钻爬、攀登等，通过这些动作技能的学习，发展孩子的身体力量，促进身体动作的平衡协调和感觉统合能力的发展。运动更是探索世界的过程，如果成人阻止儿童运动，也就阻止了他们的探索。有些老人看孩子，因为担心孩子摔倒磕碰，就把他们揽在身边，这样的孩子往往见识少、胆子小、怕生、身体动作不协调，而且黏人、爱哭闹——因为他们无法经由自由运动而自主探索，体验不到自己投入做事的快乐。

### 探索

好奇是孩子的天性，世界对他们来说是全新的，他们经由探索，满足自己的新奇感，同时也增强对这个世界的认知，开阔思维。父母养育时如果比较愿意"放手"，孩子一般比较独立，充满自信、胆子大，遇到问题会愿意动脑筋思考，乐于与人交往，见识也多。因此，我鼓励家长们带孩子时，不要给予过多限制，不要轻易说"不"。如果当时的条件不允许，那就尝试调整一下时间、地点或者对象，让孩子进行尝试。我儿子小时候喜欢画画，有一次他画在了墙上，我看见后没有责备他，而是在墙上贴了张大白纸，让他在上面涂鸦。画满了就揭下来再换一张白纸。

**自己做事**

"妈妈，我自己来！"我儿子小的时候常常这样说。我能感觉到，他自己做事时会体验到一种力量感，感觉自己长大了，我会尽量满足孩子自主做事的需要。自己做事包含许多方面，孩子小的时候，引导他自己穿衣服、自己吃饭、自己上厕所等，学会生活自理；大一点，可以引导他帮忙做家务。比如我备菜时，儿子会在旁边帮忙择菜、洗菜；我炒菜时，儿子会在旁边帮忙递油盐酱醋。可能就是在这种潜移默化的影响下，儿子感受到了柴米油盐的乐趣。长大之后，他对做家务情有独钟，工作之后很容易就学会了做饭，很会照顾自己的饮食起居，是一个会工作也会生活的孩子，让我非常放心。

所以，教育孩子最重要的是理解孩子的成长规律，满足孩子的成长需求。父母不必成为儿童心理专家，只要有正确的人生观、世界观、价值观和比较强的同理心，善于观察孩子、尊重孩子，就能理解孩子的感受和需要，并给予接纳和包容——即便不懂儿童心理，也能做到顺势而为，耐心引导，让孩子健康地成长。

诺贝尔文学奖获得者莫言先生的母亲，没有系统地学习过教育学、心理学和教学法，但这不妨碍她成为"教育家"。莫言先生在提到母亲时，讲到一些非常感人的片段：

> 我记忆中最早的一件事，是提着家里唯一的一把热水壶去公共食堂打开水。因为饥饿无力，失手将热水瓶打碎，我吓得要命，

钻进草垛,一天没敢出来。傍晚的时候我听到母亲呼唤我的乳名,我从草垛里钻出来,以为会受到打骂,但母亲没有打我也没有骂我,只是抚摸着我的头,口中发出长长的叹息。

这反映出莫言母亲对于孩子的理解和宽容之心。

我母亲不识字,但对识字的人十分敬重。我们家生活困难,经常吃了上顿没下顿。但只要我对她提出买书买文具的要求,她总是会满足我。她是个勤劳的人,讨厌懒惰的孩子,但只要我是因为看书耽误了干活,她从来没批评过我。有一段时间,集市上来了一个说书人。我偷偷地跑去听书,忘记了她分配给我的活儿。为此,母亲批评了我,晚上当她就着一盏小油灯为家人赶制棉衣时,我忍不住把白天从说书人那听来的故事复述给她听,起初她有些不耐烦,因为在她心目中说书人都是油嘴滑舌,不务正业的人,从他们嘴里冒不出好话来。但我复述的故事渐渐地吸引了她,以后每逢集日她便不再给我排活,默许我去集上听书。为了报答母亲的恩情,也为了向她炫耀我的记忆力,我会把白天听到的故事,绘声绘色地讲给她听。

这反映出莫言母亲对于孩子学习的重视,这种重视在很大程度上成就了莫言。

我十几岁时,母亲患了严重的肺病,饥饿,病痛,劳累,使我们这个家庭陷入了困境,看不到光明和希望。我产生了一种强烈的不祥之兆，以为母亲随时都会自己寻短见。每当我劳动归来，一进大门就高喊母亲，听到她的回应，心中才感到一块石头落了地。如果一时听不到她的回应，我就心惊胆战，跑到厨房和磨坊里寻找。有一次找遍了所有的房间也没有见到母亲的身影，我便坐在了院子里大哭。这时母亲背着一捆柴草从外面走进来。她对我的哭很不满，但我又不能对她说出我的担忧。母亲看到我的心思，她说："孩子你放心，尽管我活着没有一点乐趣，但只要阎王爷不叫我，我是不会去的。"

这反映出莫言母亲对于孩子内心的洞察力，懂得孩子为什么哭，以及如何通过适当的安慰给予孩子安全感，同时，也反映出莫言母亲坚韧的品质，这种品质在某种程度上也鼓舞着莫言。

我自己的母亲也是如此，她目不识丁，但是我从小就特别依恋她、敬畏她，遇到开心的、不开心的事就很想跟她说一说，因为我能感受到她内心当中的平和，以及她对于孩子的接纳和包容。每次跟她说事时，她都非常耐心地听，时不时回应几句，让我们感觉到被尊重。虽然为了照顾我们兄妹几个，她从早忙到晚，很辛苦，但她从来不乱发脾气。她给我们的感觉是，她对每个孩子都同样疼爱，从不偏心。但她原则性很强，如果我们犯了错，她就会严肃地批评，并说明道理，直到她确认我们承认了错误。但她的批评总是温和又严厉，让我们感到内疚、羞愧和无地自容，却不会因为态度粗暴激起我们的逆反，伤害我们的自尊。我一直觉得母亲是一位心怀大爱、有远见、有格局的人。她经常帮助村子里有困难的人，也会凭着自己对人生的理解给我们提一些要求，比如要懂礼貌，要与人为善，要努力学习。她常说："我自己是个'睁眼瞎',你们要好好学习,将来才能更有出息。"我们幼时的年代,重男轻女观念还比较严重,亲戚邻居有时候会劝她,"别让女孩子上学了,将来反正也是要嫁人的,早早挣工分为家里减轻点负担吧!"母亲不这么认为,她坚定地说,"女孩怎么了?女孩好好学习,将来有个好生活,难道就不能回来看看她娘?"我们兄弟姐妹几个,都十分感念于母亲能竭尽全力供我们上学,所以一个个十分刻苦,如饥似渴地学习,最后全都考上了大学。

## 二、建立关系,形成积极自我评价

我们用了第3章一整章的篇幅来介绍如何建立配合型的亲子关系,因为它是要求的基础,是儿童乐于配合的前提。

古人曾说"士为知己者死",讲的就是这个道理。如果亲子关系好,孩子就愿意听父母说的话。有些孩子会非常自豪地说"我妈妈说让我……""我爸爸说让我……"——他感觉听父母的话是一种义务,达到父母的要求是一种骄傲。即便父母提出来的要求孩子当时不愿去做,他可能也会勉强说个"好吧",而不会拧着脖子对抗。

好的亲子关系会让孩子愿意变父母的要求为自我要求。孩子的自我评价往往不够完善,他们是从父母的眼中看到自己,用父母评价自己的方式评价自己。亲子关系好一定是因为父母能够理解、尊重孩子,在精神层面无条件接纳孩子,对孩子有健康积极的评价,孩子也会因此形成健康积极的自我评价。

简单来说,亲子关系好,孩子会感觉自己很可爱,反之,孩子会感觉自己很差劲。只有对自己评价比较高、感觉比较好,孩子才能积极主动,努力维护这样一个美好积极的自我形象。

### 三、鼓励挑战，追求更高的自我定位

人都是有惰性的，很容易得过且过。在教育孩子方面，父母不能放纵孩子，觉得"高兴就好""不要太辛苦"，父母的标准就是孩子努力的天花板，标准太低，孩子也就不愿努力了。

孔子在教育学生时说过这样的话："取乎其上，得乎其中；取乎其中，得乎其下；取乎其下，则无所得矣。"取其下者，学习和生活目标定得很低，的确没有压力，但所获了了。所以，我建议父母们给孩子定高一点的标准，当然也不能太高，如果标准高到孩子怎么努力都达不到，那会让孩子产生强烈的挫败感；在孩子可接受的范围内，尽量把标准定高，孩子才会愿意尝试。

比如，我一直鼓励孩子去挑战一百分、第一名，并不是要求次次如此，而是要让孩子见证自己的实力，给自己定个位。当孩子努力过后，取得了一定的成绩，见证了自己真正的实力，就会产生"我很不错"的自我标签，自我价值得到确认。千万不要小看这个自我标签的作用，它会代替父母，成为孩子自我要求的极大动力。我儿子进入高中后，第一次考试考了全校第二、全班第一的好成绩，他就给自己定了位——"我就是属于这个位置的，不能掉下来"。儿子曾跟我说："在班里，成绩分为上游、中游和下游，每个游当中又分为第一梯队、第二梯队和第三梯队，我是属于上游当中的第一梯队。"如果某次考试失利，他一定会自觉努力，迎头赶上，因为他觉得这不是他该处的位置，这就是自我定位的作用。

社会上存在一种"读书无用论"的声音。或许，学历不代表能力，但是，孩子就读于什么样的大学、学历层次的高低，会影响他的自我认同和自我定位，且这种影响是全方位的——例如，他会在生活的各个方面以一名优秀大学生的标准要求自己，知道有所为而有所不为。这就像是在西方，贵族

即便没落，也依然是贵族。传说路易十六的王后玛丽在上断头台的时候，踩到了行刑者的脚，仍会说"对不起先生，但我真的不是有意的"——说出这句话的玛丽不会不知道自己即将到来的命运是什么，但是她依然保持着风度，因为她知道，在无法抗争命运的时候，自己能做的是遵从内心的驱动，就像她从小被教育的一样。所以，父母要做的是鼓励孩子不断挑战，发掘自己的潜力，见证自己的真正实力，帮助孩子在较高的标准上形成自我定位，而不要让孩子在平庸中虚度一生。

### 四、三观引导，探寻深层自我价值

有一天，我无意间刷到了一个搞笑的小视频，其中一个八九岁的小孩在跟他爸爸聊天，小男孩对爸爸说："咱家现在有三套房，等你死了之后，我住一套，卖一套，卖的钱一部分用来花，一部分用来理财，再出租一套，权当给自己发工资，这样我就算不用工作也不愁吃不愁喝了。"爸爸一脸黑线，"我还没死呢，你都已经盘算好了？"

这个小视频折射出了一定的社会现象——有人渐渐沉迷于感官的享受中，失去了努力奋斗的目标和动力。这非常危险。

一个自动自发成长的孩子可能有四个方面的动力之源：一是养成了良好的习惯，他习惯于努力；二是做事之后不断获得的成就感，让他感觉自己很有能力、富有价值；三是形成了积极的自我标签，他觉得自己就该是一个优秀的人，该是社会中的精英力量，值得过上更好的生活，因此他会不断对自己提出更高的要求；四是社会价值感，他对这个社会有一种责任感，认为人活着就要为社会贡献自己的力量，努力地让这个社会因为自己而变得更加美好。到达了第四个层面，一个人就超越了自身，而进入一种深层的意义感及和这个社会深切联结的感觉当中，能极大地激发他对于生命的热情。有了对生命的热情，人生才有目标，才会有动力。如果什么也勾不起他的欲望，目标就不会有吸引力。如果人不知道自己想要什么，目标就会散乱不聚焦，人生也将过得浑浑噩噩。

人活着是需要意义感的，父母一定要及早对孩子进行价值观引导。一方面，意义感会让孩子充满努力的动力，活得更有激情；另一方面，意义感也是防止孩子陷入虚无主义，甚至走向抑郁的"免疫系统"。

活着到底是为了什么？我儿子找到的答案是"帮助他人"，这让他受益匪浅，让他的人生格局更大、更加开阔和舒展。

对这个问题的回答，我十分欣赏美国前总统奥巴马的一段话：

> 你们中的每一个人都会有自己擅长的东西，每一个人都是有用之才，而发现自己的才能是什么，就是你们要对自己担起的责任。我们需要你们中的每一个人都培养和发展自己的天赋、技能和才智，来解决我们所面对的最困难的问题。假如你不这么做——假如你放弃学习——那么你不仅是放弃了自己，也是放弃了你的国家。我要求你们在今年能够认真起来，我要求你们尽心地去做自己着手的每一件事，我要求你们每一个人都有所成就。请不要让我们失望——不要让你的家人、你的国家和你自己失望。你们要成为我们的骄傲，我知道，你们一定可以做到。

每个人对于自己都是有责任的，那就是要尽力去发掘自己的潜能，发挥应有的价值，不要浪费了自己一生的才华。对于社会，我们也都是有责任的。我们都是这个社会中的一分子，我们尽心做好自己着手的每一件事，每个人都有所成就，社会就会不断进步。

在这个务实的社会中,谈理想和使命似乎有些"虚",但绝不是可有可无的。"眼前的苟且"固然重要,"诗和远方"也必须要有。只有找到了自己人生的意义,人生才会充满动力,也会更有方向。我和孩子爸爸都已经年过半百,完全可以跳跳广场舞,养养花,逗逗鸟,准备颐养天年了,但因为我们身上肩负着"传播科学家庭教育理念和方法"的使命,这种使命感让我们依旧兴致勃勃地做着各种各样的尝试,积极探索能帮助父母和孩子更好成长的模式,还会为了一个问题而争得面红耳赤,经常会加班工作到夜里十一二点。我们并不觉得辛苦,因为这是我们的乐趣所在,使命所在。

前段时间儿子回家休假,交谈中,他谈论人生长度和宽度的一段话让我感觉非常受启发,他说:"人生是一个过程,要不断地拓展自己人生的长度和宽度。通过提高做事的效率,在有限的时间内做出更多有价值的事情,相当于延长了人生的长度。比如有的人只有30岁的年龄,却做了别人50年才能做到的事,那么他的人生长度就增加了。而在自己的专业领域深挖,做得更专、更细,或者是将自己领域与其他领域的成果进行融合,取得其他人没有取得的成就,填补一些空白,这就相当于拓宽了人生的宽度。"我想,他一定是在努力拓展自己人生的长度和宽度,才一直活得富有激情,每天都精力充沛、充满热忱,把生活过得热气腾腾。

青春期是三观形成的关键时期,处于这个时期的孩子会经常陷入对人生意义的探寻中。父母要经常与孩子谈心,了解其"三观"的发展状况,同时,也要在潜移默化中,用积极的三观去影响孩子。这样深层次的影响,才能让孩子在信念层面发生改变,从而更积极地将父母的要求内化为对自己的要求。

## 能力培养的核心要点

### 一、习惯养成，形成动力定型

前面我们讲过，大脑中存在动力定型，在孩子小的时候，父母尤其要注意给孩子培养良好的习惯，建立起合适的动力定型，孩子自然成长得不费力。

我小时候需要下地干农活，这种动力定型让我对土地有种特殊的亲近感，让我不害怕吃苦，也不害怕身体的疲累，因为我体验过那种累到极致躺在床上睡一觉，第二天又满血复活的感觉，我和身体有一种很好的链接。因此，我主张在孩子小的时候，让孩子的身体和大脑适应某种节奏和生活方式，比如养成良好的运动习惯。

我儿子从小的运动量特别大，身体协调性很好，运动能力超强，到现在他也依旧热爱运动。即便工作特别忙，整天加班，他也要每周挤出时间打球或游戏。儿子对于运动的痴迷让我十分引以为傲，因为这不仅有助于他的身体健康，更培养了他吃苦耐劳的品质。

养成良好的生活习惯和卫生习惯也非常重要，比如早睡早起、按时就餐、早晚刷牙、勤洗澡、勤换衣服等。规律的生活作息会让孩子的身体形成一定的节律，从而保持健康的状态。而有良好卫生习惯的孩子，自然就比较勤劳，能经常打扫卫生，保持居室环境的整洁。

还有一些习惯是内在的、不太容易发现的思维习惯。比如习惯于优秀、习惯于付出努力、习惯于认真对待每一件事、习惯于向困难发起挑战等。改变习惯很难，而思维习惯看不见、摸不着，改变起来更难。因此，父母要非常重视从小培养孩子良好的思维习惯。

让孩子习惯于付出努力，尤其重要。只有孩子认为努力是习以为常、司空见惯的事情，在将来需要努力时，他才不会懈怠。每当儿子失败的时候，我都会和他一起分析原因，最终经常归因于自己的努力不够。积极心理学之父马丁·塞利格曼发现，当孩子将失败归因于"永久性的、普遍性的与个人化的"等难以改变的原因时，会产生力不从心的悲观情绪，导致习得性无助，从而变得很消极，放弃尝试，也会惧怕失败；如果孩子将失败归因于"暂时性的、特定的与非个人化的"原因时，就更可能继续努力。相比责怪考试的题目太难、别人打扰自己学习、学习环境不好等，"这段时间不够努力"则是一个绝佳的理由——它是暂时性的，是针对特定事情的，针对个人行为方面的自责，同时它又是可以控制的，最有可能引发孩子积极改变自己的行为，从而走向成功。

## 二、分析问题，找准解决办法

如果父母仅有高标准、严要求，孩子会感觉非常无助。因为在达到高标准的过程中，一定会遇到各种各样的困难，会有畏难情绪，会退缩，因此，父母一定要适时地为孩子提供帮助，为孩子向上攀登助一臂之力，孩子感觉到父母的托举，也会更有努力的动力。许多人不敢追求更高的目标，不敢以很高的标准要求自己，就是因为缺乏足够的支持。

支持孩子看到更美好的自己，这是我对自己这个"参谋"的定位。

比如我鼓励孩子勇敢挑战"一百分""第一名"，同时，我们又会带着孩子分析试卷，寻找解决问题的方法，为他的"一百分之旅"助力。如果仅仅是要求孩子考一百分，孩子会感觉到压力很大，因为这真的很难。可是，我们帮助他一起去挑战"一百分"，"一百分"就变成了我们全家共同的目标，这个目标实现起来就容易得多，而且即便失败了，也不会太难过，我们会分析失败的原因，继续努力，在这个过程中，孩子不会对追求高标准感觉不好,反而会被激发起强烈的自我挑战的斗志。有了一些解决问题的经验后,我们不在身边时,他也能做到"逢山开路,遇水搭桥",遇到问题就想办法分析并解决它。

### 三、信任放手,成就自我管理能力

孩子的自我管理能力是在父母的信任中逐渐锻炼和培养出来的。

相信大家也会有这样的感觉,当一个人信任我们的时候,我们会愿意拼尽全力,就为了不辜负这份信任。孩子也是一样,你给予他们信任,他们的向好之心、自主感也会被激发。这个过程非常美好,孩子的动力系统被点燃,向好之心被激发,再加上之前养成的良好习惯,父母稍加助推,孩子就会自动自发地在轨道上成长,甚至都不需要使用太多"自律"能力,因为一切都是自然而然、顺理成章的。

所以,对于不涉及原则性的事情,睁一只眼闭一只眼,不要对孩子管得太宽、太细、太紧,否则,对于父母的要求,孩子可能会出现下面四种情况。

- 依赖:父母推一推,孩子就动一动,父母不推,孩子就不动;
- 逆反:孩子内心不愿意去做父母要求的事;
- 阳奉阴违:当面一套,背后一套;
- 当面对抗:直接硬碰硬地拒绝。

曾有一个高二的学生来找我咨询,说父母对他要求非常严格,总是逼迫自己做功课,他跟我说:"每当父母不在身边时,我发现我不可能让自己离开电视前面的椅子。我已经习惯了他们逼我去学习,当他们不在家时,我内心找不到任何力量能够让我去学习。"

我们的目标是培养自动自发成长的孩子,这个学生的表现自然不是我们想要的。父母不要降低自己的身份，让自己成为"监工"，或者是看管牢犯的"狱卒"，我们是孩子的引路人。人人都有自主的要求。我们对孩子的信任，正是孩子发展自我管理能力的基础和动力。

以那个担心孩子在海边游泳会出危险的朋友为例，她完全可以将自己的担心和孩子说明白，认真地和孩子一起讨论可能出现的危险以及应对的办法——比如，在海边游泳不要去深水区；遇到旋涡要尽量让自己的身体平躺在水面上，使用最常用的游泳方式，顺着旋涡的方向快速游出去；要是被水草缠住，要先停止游泳，也不要胡乱踩水，只要深吸一口气潜入水中将水草解开即可；小心离岸流，如果被困其中，不要试图径直向岸边游动，应该先平行于岸边游动，等离开离岸流区域后再往岸边游……做好这些准备后，剩下的就是信任孩子，毕竟，我们不可能一辈子都跟着孩子。教会孩子识别危险并应对危险，才是父母最应该做的事情。

在周围朋友眼中，我不是照顾孩子很精细的父母，总有人说我大大咧咧。而正是因为我的这种粗线条管理和敢于放手，才让儿子学会了自我负责和自我管理。

我也很少采用"人盯人"的方式，一般都是将规则制定成契约，用契约精神约束他。比如，关于玩手机，我们家规定，周一到周五每天可以玩二十分钟，玩完后将手机放到客厅专门的手机袋里，他每次都说到做到、信守承诺，偶尔忘了时间，我稍微一提醒，他也很快就想起来。孩子每天的生活、学习都有时间表，这个时间表是我和他一起制定的，放下手机后，他很快就进入了下一项任务。有的家长对孩子玩手机严防死守，也约定时间，可到了时间孩子又不主动关，父母就在旁边盯着，到点把手机拿走，或者数落孩子一顿。其实，这都是对孩子不信任的表现，孩子也能感受到父母的这种不信任，久而久之，就会觉得"反正父母也不信任我，那我就多看一会儿吧"，破罐子破摔。其实，父母完全可以用另外一件好玩有趣的事情去吸引他的注意力，而不是给孩子扣上一顶"不值得信任"的帽子。孩子都有向好心，尊重孩子、信任孩子，想办法把孩子的向好之心激发出来，孩子就会自我约束，自发行动。

信任孩子，体现在父母的一言一行中。比如，看到孩子没有在学习，父母是劈头盖脸就来一顿批评，"怎么还不开始学习？"还是用平和的语气询问，"为什么没有安排学习？"信任孩子，你就会更加愿意相信，孩子没有开始学习有自己的原因，而不是故意对抗或者偷懒。

信任是一种感觉，也是人格的一种特质，是安全感充足的表现。我发现有的家长很难信任孩子，他们只有将孩子放在自己眼皮底下盯着才放心。如果孩子不在自己身边，就会唠叨、叮嘱个没完，这其实是缺乏安全感的表现。父母可以有意识地觉察自己的内心，不要总是被这种"缺乏安全感"的感觉推着去对孩子提出各种不合理的要求。

当然，自我管理能力是可以有意识地培养的，也有一定的方法，比如第5章讲过的把自控当目标、提前提醒、转换思维、隔离、授权别人监督等，父母可以试着在这些方面下一些功夫。

### 四、平等互动，锻炼人际交往能力

我曾遇到过这样一个案例：他叫乐天，28岁，离了婚，工作换了一个又一个，现在又想辞职，他的妈妈让我来跟他聊聊，做做他的工作。

乐天是他妈妈一手管教长大的，因为他爸爸脾气特别暴躁，一点就着，所以妈妈有什么事情都尽量不让他爸爸知道。小的时候还好，但乐天越大越不听话。上高中时成绩一般，好不容易考上大学。毕业后，妈妈的朋友推荐给他一份工作，他嫌工资低，就辞职了。后来又陆续找了几份工作，都没干长，自己尝试投资也失败了。妈妈又想办法给他找了现在的工作，工资不低，也不是很累，可是干了一年多，他又嫌公司的企业文化不好（总是加班）、同事关系不好相处，想要辞职。他妈妈说："我已经竭尽全力了，要是他再辞了这份工作，我已经没有能力再帮他找了。"

乐天发展成现在这个样子，跟他父母有莫大的关系。而现在这种状况，更是他们亲子关系的一种映射。爸爸不参与家庭教育，妈妈管不了孩子，也不会要求孩子，凡事都顺着孩子的心意来，造成乐天在工作中也总是以自己为中心，不会与人合作协商，更是吃不得一点气，常常和同事闹矛盾。

我跟他交流时，没有劝他"不要辞职"，而是不停地对他表示理解，聊到辞职的事，则采用迂回战术，劝他先不要辞职，可以"骑驴找马"，等找到新工作，觉得合适了再辞。乐天感觉很受用，听进去了，果真去找了新工作。可是上了两天班觉得不合适，就又不去了。接连换了几家公司后，他自己琢磨明白，还是不辞职了。他妈妈打电话告诉我这个好消息时，是这样说的："我就说吧，他就是一根筋，身在福中不知福，早晚还是得回去。"我劝她千万不要在孩子面前表现出来"我赢了，你还是得听我的"这种感觉，而是要一直站在孩子的角度，理解他的困难，并且帮他一起做好岗位分析，看看可能会遇到什么困难，并提前做好预案。

我与乐天沟通比较成功的原因在哪儿？我认为是平等。我将乐大视为一个独立自主的个体，平等地与之沟通交流，在有限度地尊重他的想法的基础上，为他出谋划策，乐天才愿意接受我的建议，并且在探索一圈后回到既定的轨道。乐天的妈妈之所以无法说服乐天，是因为她始终没有摆正自己的位置。一开始，她以乐天为中心，满足他的各种愿望，任由他"胡作"，亲子关系呈现出一种"你高我低"的姿态，这也造就了乐天万事以自我为中心、无法与他人合作的个性。当这种"胡作"超出他妈妈能承受的范围后，他妈妈就兜不住了，想要强制地要求孩子，孩子又不听他的。

这里的平等是一种人格意义上的平等，指的是父母对孩子尊重、接纳和理解，不贬低孩子，也不抬高孩子。有些父母觉得平等就意味着事事让孩子做主，父母要时时处处听孩子的，那就过度地抬高了孩子的位置。父母将孩子的位置放得过高，凡事以孩子为中心，孩子到社会上发现，自己不再是大家瞩目的对象，别人也不会围着他转，就会感觉非常不适应——许多孩子因此表现为"在家小霸王，在外小绵羊"。如果父母过于严厉，孩子可能就不愿意与人相处，因为他会感觉跟别人相处是一种压力，他得围着别人转，这样自己的需求就得不到回应。如果父母和孩子是平等的，亲子关系是和谐的，将来孩子也会平等地看待他人，努力与别人和谐相处，孩子适应社会就很容易。

平等意味着对孩子自主权的尊重。在一些不涉及他人利益、完全是私人领域的方面，孩子需要有自主权，比如穿什么衣服、穿多少衣服、留什么发型、吃多少饭……他们不会伤害到其他人，也不会很严重地伤害自己，父母可以允许孩子自主决定，让孩子体验自己行为的后果——因为穿少衣服冻感冒，孩子下次就学会了根据冷暖穿脱衣服；如果一顿饭吃少了让他饿肚子，下一顿他就会多吃一点。生命自然会有一个平衡，父母要懂得尊重和放手，不要过度干涉。

孩子越大，对于自主性的要求越高。父母很难通过命令或者强制的方式来要求孩子服从。甚至许多时候父母还要学着将自己的要求隐藏起来，给予孩子充分的空间，让孩子自己去探索属于自己的路。对于前面例子中的乐天，我给予了他充分的自主，允许他去尝试，结果他碰壁之后发现父母给他找的这份工作还是不错的，从而又回到父母原先设定的轨道上来。如果没有这样的探索经历，他不会死心。有时，父母出于心疼，害怕孩子撞得头破血流，喜欢当拦路虎，但有句老话说得好，不撞南墙不回头，允许孩子去体验、去探索，也未尝不是一件好事。在这样探索的过程中，孩子会找到那条更适合自己的路。

## 坚持性培养的核心要点

坚持做一件事情并不容易——不仅对孩子来说比较困难，对于成人也是极大的挑战。许多人会有这样的体会，自己定下一些目标，比如每天跑步、每天阅读1小时、每天练习舞蹈基本功、每天练琴半小时之类，刚开始时能坚持一段时间，突然遇到事情就放弃了，最后归因于自己意志力弱，不能坚持去做事。其实，坚持不仅仅是意志力的问题，而是受许多因素的影响。在《干劲的开关》中有这样一句话：影响结果的不是斗志，而是科学。学会科学地坚持，会让坚持变得更容易。

### 一、目标分解，学会各个击破

我有个朋友，最近挑战了21公里的马拉松半程赛。她一直有运动的习惯，但这个年龄还能去挑战半马倒是让我很意外。我问她是怎样跑下来的。

她说从半年前她就开始准备了。一开始，她跟着运动软件 keep 的音乐跑，慢跑5分钟再快跑1分钟，循环四次，一次跑3公里左右。这样跑起来不累，而且跑完还挺舒服。所以，她有空就会去跑一跑。后来，她决定挑战5公里。有了3公里的跑步经验，5公里也很容易了。

后来，她发现 keep 上有许多线上马拉松活动，于是就报了个10公里的。她专门挑了个阴雨天，冒着蒙蒙细雨，来到公园里放松跑。在公园跑一圈是2公里左右，只要五圈就可以了。天气凉爽，10公里也轻松搞定。

然后是15公里。

最后就是21公里了——这还是有一定难度的。跑过15公里后，她说："反正我已经超越了自己，哪怕走下来，也是胜利。"最后几公里，她半走半跑地坚持下来，用了2小时57分36秒，挑战成功！跑完后，她感觉自己的人生再次起飞了。马拉松都挑战了，还有什么是不敢挑战的呢？

我朋友将21公里的目标分解成3公里、5公里、10公里、15公里、21公里，一次次挑战，一次次突破，最后才成功。如果一下子就让她去挑战21公里，即便她再能坚持，恐怕也不行。

孩子也是一样。如果目标太高太远，孩子一开始可能会兴致勃勃、斗志满满，可时间一长，目标还是看不见摸不到，很容易就懈怠了。要教会孩子将大目标分解成一个个比较容易达到的小目标，经常体验到成功，因为成功是对自己努力最好的奖赏。

在我儿子成长的过程中，陪着他定目标、列计划、复盘总结占了我们亲子互动的很大一部分。因为我不想只是由我单方面定好目标、做好计划，孩子仅仅去执行，那样只能培养孩子的执行力，我还注重培养孩子的"领袖精神"。何谓领袖？在我看来，就是能够给人鼓舞和制定长期目标的人，就是能为实现目标设计道路的人。他可以不成为领袖，但是一定要有"领袖精神"，至少能够成为自己生命的领导者，把握自己生命的方向，为自己设计人生的道路，并一点点去实现目标。所以，我要把怎么定目标，如何分解目标、实现目标完完全全地展现在他的眼前，让他参与整个过程，并且，这样做会让他感觉时刻掌握着自己人生的方向，更愿意去行动。

**二、快乐坚持，使坚持不再痛苦**

许多人想让孩子坚持做一件事，就是要求孩子用意志力硬挺。

这样的做法并不妥当。人的意志力是有限的，只要使用就会消耗。

《意志力：关于专注、自控与效率的心理学》中提到了一个有趣的萝卜实验。

> 两组学生都处于饥饿状态，一组旁边放着香喷喷的曲奇，但是他们只能吃萝卜，必须忍受曲奇的诱惑，另外一组则可以随意吃曲奇。
>
> 接下来进行意志力测验，结果第二组的意志力强于第一组，因为第一组的意志力被消耗了。这就是为什么如果一个人在办公室忍受了上司的批评、同事的抱怨，回到家则更有可能与伴侣吵架、对孩子不耐烦。

所以，不要过度使用孩子的意志力。教会孩子一些面对诱惑、坚持向目标努力的方法，会让坚持变得容易一些。

- 为坚持的事情腾出精力，规划出专门的时间，以显示自己的重视；
- 跟周围的人都说一说，以获得必要的支持；
- 刚开始时，一次只做一件事——不要梦想着同时做很多事，把精力集中到一件事上，会减少很多麻烦，也更容易坚持；
- 给自己一些达成目标的奖励，把奖励的图片贴到经常看到的地方；
- 寻找一些志同道合的人一起打卡、成长；
- 经常记录总结，看看自己已经取得的成就，给自己增强信心；
- 想办法克服困难，扫清坚持过程中的障碍，相信"如果你真的想做一件事，你一定会找到方法"。
- ……

另外，前面讲过的提前提醒、转换思维、隔离、授权别人监督等也都是非常实用的方法，可以根据需要选择使用。

### 三、合理归因，不轻言放弃

在坚持的过程中，一定会遇到失败和挫折。孩子将挫折归因于什么，会决定他是否愿意继续努力。

解数学题时，如果孩子认为自己足够聪明，有能力解出这道题，只是暂时还没找对方法，那他会持续不断地努力，想办法去解题；如果孩子认定自己太笨了，根本不可能做出来这么难的题，或者觉得题出得不对，他大概率就会放弃努力。

在孩子不能坚持时，父母怎样说才能帮助孩子学会坚持呢？是"你看你总是这样，做事三分钟热度"，还是"你没有坚持，是什么原因呢？"是

"你从来没有认真坚持过一件事",还是"在这件事上你坚持得不太好"?是"你就是个做事虎头蛇尾的孩子",还是"你好像遇到了一些困难,咱们一起来看看是什么影响了你坚持做这件事"?

答案不言而喻。当孩子学会将失败归结为暂时性的、针对特定情况的原因(例如自己的努力不够)时,他就会保持乐观,从失败中看到成功的希望,从而燃起努力的斗志,坚持下去。

总而言之,父母要求的最终目标,是要将孩子送上自动自发成长的轨道。这个过程就像放风筝。在开始阶段,人要拉着风筝线猛跑一段,帮助风筝找到自身的平衡和向上飞的动力。当风筝开始能飞起一点之后,人就要适当放手,时紧时松,才能让风筝越飞越高,直到进入能平衡飞行的轨道。

孩子小的时候,父母也要"拉着孩子一起跑",和他一块吃饭、穿衣、喝水、上厕所,一起在户外游戏,一起玩玩具。在一起生活的过程中,父母手把手地教孩子掌握做事的方法,学会保护自己、躲避危险,知道什么是对、什么是错,学会遵守规则,养成各种良好的习惯,接受正确积极的观念。当孩子年龄渐长,掌握了这些基本的能力,具备了基本的价值观之后,父母就要慢慢放手,让孩子自己去体验、尝试,甚至在不断犯错的过程中调整自己,找到自我平衡、自主飞行的支点。在孩子不断探索世界的过程中,父母手中仍然拽着那根长长的"风筝线",一直关注着孩子成长的状态,时而提醒、时而助力,进而放飞,在需要时拉一拉绳子,时紧时松,帮助孩子把握正确的"飞行"方向。

风筝越飞越高,孩子越走越远。这时,父母——这个放风筝的人——仍然努力抓着手里的线,它越放越长,被风吹出优美的弧度,轻轻拽一拽已经无法再影响到风筝,因为风筝已经飞得太高、太远,进入了自我助力、自我控制、自我管理、自动自发成长的轨道，开始了自主畅游的生活。这时，父母淡定地过着自己的日子，但仍然会时不时地仰望天空，思念着那个自己亲手放飞的风筝，期盼着风筝飞回到自己身边的那一天。

# 不断思考：我们的要求是否合理

读到这，相信你已经对如何要求孩子有了全面而又深刻的理解，也更加懂得如何巧妙地让孩子达到你的要求。但越是这样，我们越要时刻警惕一个问题：我们的要求是否合理？

## 父母的期望是否过高

反思起来，我对儿子的要求首先基于我对儿童心理和各年龄段成长需求的理解，以保证我的要求恰到好处，让他获得"够一够摘到桃子"的成长感和成就感。但是不理解儿童心理和各年龄段的成长需求也没有关系。记得儿子不到2岁时，我带他到小公园里玩，看到很多同龄的小朋友在坐摇摇马，自得其乐的样子，我就把儿子抱上去，但他吓得大哭，怎么也不肯坐在上面。看到儿子胆子这么小，我稍感尴尬和没面子，但我同时告诉自己，"没关系，可能他还没有准备好吧"；当看到很多孩子在蹦蹦床上玩得不亦乐乎，而他却吓得瑟瑟发抖时，我回家查了儿童动作发展规律的书，原来小孩子2岁才会双脚同时跳，而我的儿子当时才1岁11个月，我就释然了。

从那之后我知道，如果孩子非常抗拒做一件事，一定是有原因的，要么是他的身体能力还达不到，要么是他的心理能量还不足以应对这种压力，需要一个适应的过程，要么是我还没有找到合适的方法去引导他，我需要等待时机引导、训练和鼓励他。

对于父母想尽了一切办法，孩子都做不好的事情，也可以考虑是否应该放弃（这里主要指特长培养方面）。儿子上小学的时候，我们家住的小区里住着一位非常好的电子琴老师，因为很方便，我就给他报了名，也花3000多块钱买了当时被普遍认可的雅马哈牌电子琴，开始每周末上琴课，回家反复练习老师布置的曲目。回想那个过程是非常痛苦的，儿子对乐理的理解不错，但一上琴，手指就不听使唤，而且他的心思也不在弹琴上，感受不到从自己手指尖流淌出美妙音乐的快乐。通常的情况是，他反复弹也练不好，总是弹错，我发火，然后就会爆发一场战争。一段时间之后，我们都对弹琴感受到压力，生活也变得很沉重。在一次深入对话和沟通之后，我们决定放弃，把电子琴封存起来，然后我们的天空又艳阳高照了。

现在想想，弹不好琴不能怪儿子，怪我们家没有音乐细胞。他爸爸虽然兴趣广泛，但是典型的理工男，我高中学的理科，大学学的教育类专业，家里根本没有音乐氛围。有这样一对父母，注定儿子学数学和物理得心应手，但弹电子琴势比登天。但这一段时间的电子琴也不白学，儿子初、高中上音乐课很轻松，他学过的一点乐理知识还是用得上的，上大学时唱卡拉OK音准也非常好，对音乐的欣赏能力比没有接触过乐器的人强一些。

因此，父母要懂得，对孩子的要求是有限度的，并且要有智慧地分辨，哪些要求是改变一下提要求的方式就可以达到的，哪些要求是不现实的，如果任凭孩子怎样努力都收效甚微，父母不妨放弃。

懂得放弃也是一种智慧。在家庭教育社团新成员见面会上，有一位女生介绍自己时说，她信奉的格言是："该放弃就放弃，千万别和自己过不去。"在场的同学都笑了，认为这是一种调侃。深入了解之后我们才发现，这句话背后有她经历过的痛苦和心酸。她有个双胞胎弟弟，学习成绩一直比她好很多，她从小在家里就没有地位。无论她怎么暗下决心、怎么努力都无法赶上弟弟。后来，弟弟考上了一所非常好的大学，而自己只考了个大专。更难过的是，她还发现自己五音不全，声乐课是她的噩梦，尽管她非常努力，但也只勉强混了个及格。她是一个非常有上进心的人，一直期望自己成为最优秀的那一个。可现实梦碎，经历一番痛苦的心路历程之后，她想到了前面那句话，于是不再和自己较劲，她想，"好吧，就做好我能做的"。这么一想，自己心里才舒服多了。她喜欢写东西，就每天坚持写，晚上其他舍友都入睡了，她还在码字。她要求自己努力坚持一百天，每天更新一篇文章，最后她做到了，写作也成了她的一种习惯。在自己喜欢的方面坚持，在一些无论如何都做不好的领域学会接纳与放弃，不跟自己死磕，这对她的心理健康是有好处的。要求自己各方面都完美，是会把自己逼出心理疾病来的！

　　有时，"放得下"是为了"拿得起"。有段时间，单位组织我们准备申报材料去评奖。我写出第一稿后，被一位业界专家狠狠地批评，他把我的成果说得一文不值，弄得我很郁闷。既然专家说"角度小"，那就改大一点吧！可是，修改谈何容易？时间紧迫，我一边紧张、焦虑，一边绞尽脑汁地设计新方案，可新方案怎么都不成形。眼看着提交方案的截止时间越来越近，后面还有大量的材料要准备，这可怎么办？脑子里不时有两种声音在打架，一个说"放弃吧，这是你力不能及的"，另一个说"你做了那么多工作，怎么就梳理不出来呢？这样放弃多可惜呀！"我纠结、郁闷、焦虑、痛苦了三天，吃不下饭，睡不着觉，头疼欲裂，却一点没有进展。我知道，再这样下去，我的身体和心理都会崩溃！这时，我突然清醒地意识到：这是该放弃的时候了，让自己的身心出毛病，得不偿失，也于事无补。当天晚上，我认真地做了一个决定：就拿第一稿去"打酱油"吧。没有期望就没有了压力，那天晚上，我完全放松下来，睡了个香甜的好觉。没想到第二天早上醒来，新的思路竟如泉涌出！整个方案一下子就想通了。真是应了那句古诗：山重水复疑无路，柳暗花明又一村。也大有置之死地而后生的感觉。事后，我回顾了一下整个过程，发现正是因为我对自己过高的期望和要求引发了持久的焦虑，而这种焦虑又阻碍了我的思考。当我把要求自己必须做好的目标放下，心里放松了，顿悟就发生了，创新的想法就汹涌而来了。这与当年阿基米德在浴缸里发现浮力原理是不是有着异曲同工之妙呢！

要求是有临界点的，这个临界点取决于孩子。如果对于父母的要求，孩子有情绪，但并不强烈，父母不妨坚持一下，或者变换方式，孩子很有可能就能达到要求了；但如果对于父母的要求，孩子真的有很强烈的抵触情绪，压力很大，临近崩溃，父母继续坚持有可能对亲子关系造成损伤，那不妨就先缓一缓，也可以通过协商降低要求和标准——有勇气来改变可以改变的事，有胸怀来接受不可改变的事，用智慧来分辨两者的不同。做人需要有弹性，过早放弃可能会失去一些机会，而如果一味固执地坚持又可能会造成伤害，父母要善于根据孩子的具体情况做出正确的判断。像我的经历一样，先放弃，让自己能放松休息，养精蓄锐之后，再来坚持也不失为明智之举。重要的是，要听从自己内心的声音。

问题又来了，一个人事业发展的方向可以选择，但有些事情是绕不过去的，比如再不愿意学习的孩子，也要完成义务教育阶段的学业；再不喜欢做家务，也要正常生活，承担自己为人子女或为人父母的职责——对这些事情，我的态度是，不要太强求结果，只要孩子努力了，就要给予肯定，只要有进步就是成功，只要有尽责之心，努力去做，就是好样的。

另外，父母还要警惕讨好型的孩子。这种孩子特别乐意满足父母的要求，父母一个眼神、一个动作他都心领神会，然后照做，甚至有时父母还没提要求，他就自己揣测、自我要求。一般来说，这种孩子极度缺乏安全感，他们不敢有自我主张，总是极力满足父母的要求，极容易陷入压力中。对于讨好型的孩子，父母要重点帮助他们解压，而不是提更高的要求。

还有的父母倾向于把孩子的生活安排得满满的，俗称"鸡娃"。放了学，孩子没有时间自由玩耍，除了作业还有各种补习班，周六、周日也奔波在各种各样的兴趣班、辅导班之间。大人疲于奔命，孩子也很累。

> 有个妈妈带着孩子来咨询。她女儿核桃非常优秀，才6岁，识字量已经超过3000，数学达到了三年级水平，英语口语流利，会弹钢琴会跳舞。小姑娘嘴还特别甜，很招人喜爱。可就是这样一个甜美可爱的小姑娘让她妈妈迷茫了，因为核桃突然开始午睡时尿床，天天如此。经过多家医院医生的检查和诊断，她没有器质性问题，只是心理压力太大。妈妈不敢相信，女儿看上去乐观开朗，怎么会压力太大？
> 
> 我问她，"核桃每天的生活是什么样的？"她说，自己是全职妈妈，把全部的心思都放在了孩子身上。所以，每天都陪伴孩子进行各种学习。核桃也很争气，学东西挺快，所以，她的时间被安排得满满的，不允许有一点浪费。

父母或许忘了，自己曾经也是孩子。作为孩子，多么希望能够在没有父母监督、没有任何任务的情况下，自由自在地玩耍！学习固然重要，可玩耍对孩子来说同样意义非凡。虽然看起来"无所事事"，但孩子放松了心情，发展了想象力和创造力，找到了快乐的自我。生活需要留白。父母的要求也要懂得留白。

父母尽量不要过度使用自己作为父母的影响力，发现孩子乐意配合就不断地给要求加码，就像"渔夫和金鱼"的故事中那个"索求无度"的渔夫，一开始向金鱼提出的要求都得到了满足，但是因为贪得无厌，不懂节制，最终还是回到了之前一贫如洗的生活。孩子是独立的个体，父母要懂得给予孩子一定的个人空间和闲散时光，允许他们自由地探索，而不是把孩子的生活安排得满满的。

## 父母的要求是否太急

每个孩子都有自己的成长节奏，都有自己的个性特点，我们多懂一些儿童心理发展规律最好，如果不懂也没关系，只要我们懂得接纳孩子、体谅孩子，要求孩子时也能尊重和理解他们，能做到循序渐进也可以。

> 暖暖妈妈懂得尊重孩子的节奏，暖暖上的是公立幼儿园，妈妈也没有给她报幼小衔接班，没有超前学。上小学之后，暖暖相比那些已经预习过的孩子要费劲一些，看看别人家的孩子每次作业都是全对，自己家孩子经常被老师留下"开小灶"，暖暖妈有些不淡定了，来找我咨询。我跟她说："我很理解你的焦虑。但是咱们当初不让孩子学，就要做好这样的心理准备。孩子虽然学起来有点慢，但她上课是不是很认真？有没有努力完成作业？我们要的就是这个努力和认真的过程，相比那些知识，这些品质和习惯才是更宝贵的。"

许多父母不自觉地陷入"内卷"而不自知，自己变得莫名焦虑，这份焦虑又推动父母去过高地要求孩子，希望孩子快速达到某种标准从而缓解自己的焦虑，这会让孩子痛苦不堪。

什么是内卷？看电影，一个人先站起来看了，被他挡住的人也站起来，最后大家都不得不站起来看电影。玩游戏，为了更好地娱乐，一个人先充钱吊打别人，被他虐的人不得不也充钱，最后所有的人都只好充钱。孩子上学，一个孩子上辅导班，逼得大家都去上辅导班。

"内卷"是一股强大的集体力量。给孩子更好的物质、更精细的饭菜、更好的早教、报各种兴趣班……家长感觉很累，但是又怕孩子落下，不敢有丝毫松懈。焦虑无法排解，又化作对孩子一个个急迫的要求，然而孩子有自己的节奏，强硬地被推着走，就会感觉很痛苦。

如何避免内卷呢？有两点很重要。

第一点是回归初心。当感觉被洪流裹挟着往前走时，要看看当初自己为什么出发，本心在哪儿。我们当初生下孩子时对他怀着怎样的期望？是不是健健康康长大就好，幸福快乐就好，什么时候开始不断要求加码的？

第二点是父母要有终局思维。所谓教育上的终局思维，就是思考"让孩子成为一个什么样的人"。如果父母开始思考这些问题，那么教育的锚点也会发生变化，思考问题的方式也会发生变化。我们会能从眼前的学业中抬起头来，开始思考如何培养孩子良好的自我意识、如何发展孩子的能力、如何让他形成正确的三观、如何让他找到自己的热爱、如何让他拥有强健的体魄和健康的心灵、如何让他的世界更加宽广……

这样的努力可能很难，但是值得，因为我们为孩子做了一个"不被内卷"的榜样。即便无法抗拒内卷，那也没关系，要看到自己正在被内卷，有意识地调整自己，而不是拼命地要求孩子。

正确的教育观不是非要把一棵小草培养成参天大树，而是培养成一棵美好的小草，一棵健康的小草。大部分人可能天赋都很普通，但有独特的兴趣、爱好、个性。作为家长的一个使命就是，顺应孩子的这种独特性，帮他找到他所欢喜的事。

## 父母的要求方式是否妥当

我们给出了许多要求锦囊，目的就是让父母多一种选择，多一分温柔，挑选更适合自己孩子的方式去要求孩子，让孩子对要求的感觉好一些。

有一天，我正在家里做饭，听到楼下一个孩子哭得撕心裂肺，感觉很好奇，就趴在窗户上看到底是怎么回事。听了一会儿总算弄明白了：原来，同住一个小区的方方和他妈妈在"死磕"。方方说："妈妈抱。"可妈妈说："你走到大门口，我就抱你。"方方就咧着嘴大哭："不嘛不嘛，妈妈抱。" 娘俩都不让步，结果就犟上了。

这样的场景在生活中经常会遇到。很多妈妈懂得要让孩子独立，不要事事包办，但是缺乏教育的方法和变通的智慧。坚守原则和规则是好的，但不能让孩子这么痛苦。父母要学会理解孩子行为背后的心理需求，再灵活调整自己要求的方法。

方方不愿自己走，可能有三种情况：一是方方平常都是奶奶带，妈妈好不容易下了班带他玩，他很希望妈妈能多抱抱自己，以获得情感的满足，感受妈妈怀抱的温暖，证明妈妈的爱；二是方方当时确实累了，不想走；三是奶奶抱习惯了，方方懒，不愿意自己走。

如果是第一种情况，妈妈要满足孩子，抱一抱，然后告诉她："妈妈很爱你！现在妈妈有点累，能请你自己走到大门口，妈妈再抱你吗？"

如果是第二种情况，妈妈要抱一会儿，再让孩子自己走，不着急的话，可以和孩子找地方坐下来，休息一会儿再走。

如果是第三种情况，可以采用一些游戏的方式。比如娘俩比赛，看谁先跑到大门口；学各种动物走到大门口，看谁学得像；藏猫猫往前走；一起数一数，走到门口需要多少步（一边走一边数，还锻炼了孩子数数的能力）；或者跟孩子说，"我们一起走到大门口，看看你的好朋友壮壮有没有在那儿玩"；等等。也可以鼓励孩子，"宝宝你长这么大了，妈妈相信你可以自己走到大门口"；或者干脆用激将法，"你这么小，妈妈才不相信你能走到大门口呢"，孩子走到大门口之后，露出惊讶和不可思议的表情……

只要想办法激起孩子的兴趣，孩子一定会蹦跳着自己跑到大门口，为什么要跟孩子死磕呢？要求的方式有很多，一种方式行不通就抓紧变换更有效的方式，要懂得变通，千万不能一根筋。如果父母要求的方式太单一或者逼得太紧，即便孩子勉强同意了，也会感觉不好，更不会主动把这些要求变成自我要求。"条条大路通罗马"，父母在要求孩子时，要允许自己失败，允许提出来的要求暂时不被孩子接受，不要跟孩子犟，灵活变化战术，迂回前进，最终达到目的即可。

有的父母要求孩子，只有一种方法："夺命连环催"——"快点去做！""抓紧！""没时间了！""快开始吧！"不停地催催催。这种催在刚开始时可能管用，它起到提醒的作用，同时也给孩子一定的压力感，促使孩子去行动。可是，随着父母一遍遍地催，孩子反而可能失去了行动的动力。我曾看过这样一个小故事：一天，马克·吐温在教堂里听牧师演讲，起初，他觉得牧师说得特别棒，感动得掏出钱准备捐款；过了10分钟，牧师没有说完，马克·吐温有些不耐烦，决定只捐点零钱；又过了10分钟，牧师还在说，马克·吐温决定一分钱也不捐了。等牧师演讲结束，要求大家捐钱时，生气的马克·吐温不仅没有捐钱，还偷偷从盘子里拿了2元钱。这个现象是不是很有趣？心理学把它称为"超限抑制"，指的是当刺激物过强、过多或作用时间过久时，不但不能引起神经细胞兴奋，反而会发生抑制。这种机制能避免神经细胞因兴奋过度而能量耗尽，因而又叫"保护性抑制"。父母的催促如果不能恰到好处，就会对孩子造成"超限抑制"，催得越急，孩子反而越慢。

有的父母心太急、太迫切，而且不允许自己的要求失败，因为这让他感觉自己的权威受到挑战，容易跟孩子犟上，非得逼迫孩子立刻、马上就要按自己说的去做，这样要求的效果往往不好。

父母提出一个要求，要给孩子思考和缓冲的时间，也要允许孩子拒绝。如果一次沟通不成功，没关系，可以暂时放下，继续想对策，换个时间、换个方法，在机缘巧合下再次尝试。尤其是与大孩子沟通时，就仿佛撬动一块很大的石头，很难一次成功，需要持续、多次地渗透，最后找合适的机会发力，撬动这块石头。

父母要保持乐观积极的人生态度，相信孩子，也相信自己。我在跟孩子提要求时，如果碰了壁，会说服自己先放下。相信孩子暂时达不到这个要求也没什么大不了，也相信自己一定可以找到更好的办法。带着这样的信念，暂时放下之后，我反而更容易找到灵感，用更恰当、理性、平和的态度去引导孩子达到这个要求。

我们要不断地引导，让孩子认识到：达到要求很重要，我的感受也很重要。只有这样，才能让孩子接受父母的影响，按父母的要求去做，并愿意将这些要求变成自我要求，并努力做到。

曾经听到一首小诗,体现了有效要求的深意:

　　谁也无法说服他人改变,
　　因为我们每个人都守着一扇
　　只能从内开启的改变之门,
　　无论动之以情或者晓之以理,
　　我们都不能替别人开门。

能替孩子"开门"的人只有他自己;而我们可以做陪伴者,帮他一起开门。

## 回顾与思考

**※可以尝试用下面的方法将父母的要求变为孩子的自我要求。**

**要求锦囊一：把要求建立在孩子兴趣和需要的基础之上**

要将要求与孩子的兴趣、需要相结合，尽量融入一起做事、引导、对话、协商、鼓励不断挑战的过程中，让孩子感觉是在自我要求。

**要求锦囊二：把要求解释清楚，与孩子协商后达成一致**

让孩子明白，某个要求背后的原因是什么，为什么要这么做，孩子理解、接纳、认同后更愿意执行。如果实在不行，可以协商、沟通后调整要求内容。

**要求锦囊三：让孩子尝到甜头**

孩子如果对要求的感觉很好，并且取得了好的成果，下次就还会愿意继续。

**※孩子是否乐意把父母的要求转化为对自己的要求，也是意愿和能力这两个维度在起决定性作用。**

对意愿起决定作用的是"自我意识"，包括自我概念、自我评价、自我体验、自我监督和自我调节等。

能力可分为三个方面：自我控制能力（又包括身体控制能力和心理控制能力）、思维能力和社会能力。发展身体控制能力的核心是运动，发展心理控制能力的核心是自我管理能力，发展思维能力的核心是分析问题、解决问题的能力，发展社会能力的核心则是亲子间的平等互动。

※ **培养自动自发成长的孩子有三个维度：动机、能力和坚持。**

**动机培养核心要点如下：**

一、顺势而为，形成良好的自我体验

父母的要求要符合儿童的身心成长规律，契合儿童的心理发展需要，让儿童体验愉快，感觉自己是"对"的。父母要善于学习和观察，了解儿童的成长需要——最主要的三个方面是运动、探索和自己做事。

二、建立关系，形成积极自我评价

亲子关系好，孩子会感觉自己很可爱，反之，孩子会感觉自己很差劲。

三、鼓励挑战，追求更高的自我定位

父母的标准就是孩子努力的天花板，建议给孩子定稍微高一点的标准，以使其学会努力，从而帮助孩子在较高的标准上形成自我定位。

四、三观引导，探寻深层自我价值

一个孩子自动自发地成长，需要四个方面的动力之源：一是养成了良好的习惯；二是做事之后不断获得的成就感，让他感觉自己很有能力、富有价值；三是形成了积极的自我标签，他觉得自己就该是一个优秀的人；四是社会价值感，他努力地让这个社会因为自己而变得更加美好。到达了第四个层面，一个人就超越了自身，而进入一种深层的意义感及和这个社会深切联结的感觉当中，能极大地激发他对于生命的热情。

**能力培养核心要点如下：**

一、习惯养成，形成动力定型

在孩子小的时候，让孩子的身体和大脑适应某种节奏和生活方式，比如养成良好的运动习惯、生活习惯和卫生习惯等。还有一些习惯是内在的、不太容易发现的（即思维习惯），比如习惯于优秀、习惯于付出努力、习惯于认真对待每一件事、习惯于向困难发起挑战、习惯于高效做事等。

二、分析问题，找准解决办法

父母带着孩子分析问题、解决问题的过程，会让孩子学会遇到事情时如何应对。

三、信任放手，成就自我管理能力

给予孩子信任，他们的向好之心、自主感会被激发，从而变得自动自发，更加独立、自主。

四、平等互动，锻炼人际交往能力

平等是一种人格意义上的平等，指的是父母对孩子尊重、接纳和理解，不贬低孩子，也不抬高孩子。平等意味着对孩子自主权的尊重，在一些不涉及他人利益、完全是私人领域的方面，给予孩子充分的自主权。

**坚持性培养核心要点如下：**

一、目标分解，学会各个击破

要教会孩子将大目标分解成一个个比较容易达到的小目标，经常体验到成功，因为成功是对自己努力最好的奖赏。

二、快乐坚持，使坚持不再痛苦

不要过度使用孩子的意志力；教会孩子一些面对诱惑、坚持目标的方法，会让坚持变得更容易一些。

三、合理归因，不轻言放弃

当孩子学会将失败的原因归结为暂时性的、针对特定情况的因素（如自己的努力不够）时，孩子就会保持乐观，从失败中看到成功的希望，从而燃起努力的斗志，坚持下去。

※ 父母要时刻警惕一个问题：我们的要求是否合理？

父母的期望是否过高？

父母的要求是否太急？

父母的要求方式是否妥当？

父母在要求的过程中，一定要注重孩子的感受，加强与孩子的协商、沟通。

### 感悟思考

1.你敢给孩子制定高标准吗？你是如何陪着孩子追求高标准的？请就生活中的例子列举一二。

2.你家孩子在哪些方面可以自动自发？你做对了什么？哪些方面不够自动自发？你需要做出哪些调整？

# 参考文献 References

[1] 科恩. 游戏力 [M]. 李岩, 译. 北京: 中信出版社, 2018.

[2] 科恩. 游戏力Ⅱ [M]. 李岩, 伍娜, 高晓静, 译. 北京: 中信出版社, 2018.

[3] 玛乔丽·菲尔茨, 帕特里夏·梅里特, 德博拉·菲尔茨. 0-8岁儿童纪律教育 [M]. 蔡菡, 译. 北京: 中国轻工业出版社, 2019.

[4] A.S. 尼尔. 夏山学校 [M]. 王克难, 译. 北京: 新星出版社, 2019.

[5] 王普华. 回应: 培养孩子积极的行为习惯 [M]. 北京: 中国水利水电出版社, 2020.

[6] 王普华. 帮孩子适应幼儿园 [M]. 北京: 中国劳动社会保障出版社, 2018.

[7] 王普华, 王明辉, 王爱忠. 幼儿成长揭秘——常见问题分析与家园共育策略 [M]. 北京: 中国轻工业出版社, 2019.

[8] 沃尔特·米歇尔. 棉花糖实验 [M]. 任俊, 闫欢, 译. 北京: 北京联合出版公司, 2016.

[9] 马丁·塞利格曼. 活出最乐观的自己 [M]. 洪兰, 译. 北京: 万卷出版公司, 2010.

[10] 马丁·塞利格曼，卡伦·莱维奇，莉萨·杰科克斯，等. 教出乐观的孩子 [M]. 北京：北京联合出版公司，2017.

[11] 山崎拓巳. 干劲的开关 [M]. 龚志明，译. 南昌：江西教育出版社，2010.

[12] 鲍迈斯特，蒂尔尼. 意志力：关于专注、自控与效率的心理学 [M]. 丁单，译. 北京：中信出版社，2012.